LA VIE QUOTIDIENNE DANS LES MAISONS CLOSES 1830-1930

DU MÊME AUTEUR

A l'aube du féminisme, les premières journalistes (1830-1850), Payot, 1979.
Secrets d'alcôve : Histoire du couple de 1830 à 1930, Hachette, 1983.
L'Amour à l'arsenic : Histoire de Marie Lafarge, Denoël, 1986.

Ouvrages en collaboration

Sous la direction de Jean-Paul Aron,
Misérable et glorieuse la femme du XIXe siècle, rééd. Éditions Complexe, 1984.

Avec Alain Veinstein,
Avignon, 40 ans de Festival, Hachette, 1987.

LA VIE QUOTIDIENNE DANS LES MAISONS CLOSES 1830-1930

LAURE ADLER

Hachette

Jean-Paul Aron et Hubert Juin m'ont beaucoup aidée au début de mes recherches. Claudine Brecourt Villars et Jean-Jacques Pauvert m'ont permis de remonter la piste des collectionneurs d'érotiques. Sans les encouragements et la gentillesse d'Alain Corbin, auteur du magnifique livre *Les Filles de noce*, je n'aurais pas entrepris ce livre. Enfin, Arlette Farge, Françoise Cibiel et Alain Veinstein ont été des lecteurs et des interlocuteurs attentifs. Qu'ils en soient ici toutes et tous remerciés.

INTRODUCTION

Elles attendent la tombée du jour. Tapies dans les maisons, habillées en bébés ou couvertes de mousseline transparente, debout derrière les volets éclairés par la lueur du gros numéro rouge ou assises dans les fauteuils profonds du salon, elles patientent. La nuit sera longue. Bottines hautes, corsages échancrés, bouche rouge, yeux charbonneux, elles descendent dans la rue et gagnent, de leur démarche à la fois lascive et joyeuse, le cœur des villes. Elles cherchent les flaques de lumière, les cafés animés, les restaurants ouverts. Elles relèvent un peu leurs jupes et décochent des œillades. Quelquefois elles apostrophent l'homme et, d'une voix caressante, parlent d'amour et d'argent. Blancheur des jupons, beauté des regards. Circulation de désirs. Ces femmes sont à vendre et elles le disent. Chair offerte à monnayer. On peut toujours discuter. Les prix sont libres. Ils dépendent de l'heure, de l'aspect et de la gentillesse du client, de l'état d'esprit de la fille.

Dans la chambre à coucher, le lit n'est pas encore défait. La nuit est pourtant avancée. De la salle à manger parviennent des voix, des bruits de verres qui s'entrechoquent. Autour de la table, des femmes sont enlacées. Les hommes, l'air hébété par la fatigue et par l'alcool, regardent d'un œil agacé et gourmand ces cajoleries entre femmes. Parmi eux, un homme sait qu'il va rester. Lui aussi il patiente. Il pense au moment où il se retrouvera dans les bras de cette femme à qui il donne à corps perdu sa fortune, son honneur, sa dignité. Il aime ça. Il aime qu'on dise de lui dans les dîners, sur les champs de courses, dans les salons, qu'il flambe tout ce qu'il a amassé pour une beauté que ses amis aimeraient tant posséder.

Dans les promenoirs des bals, les lumières sont éteintes. Juste quelques lueurs dans de rares brasseries où les filles, exténuées par le nombre de chopines servies et le nombre de passes expédiées dans l'arrière-boutique, somnolent sur les banquettes. Dans la rue voisine, le patron d'un estaminet tire son rideau et met à la porte ses derniers clients : un souteneur et sa fille. Ils regagnent tous deux leur chambre dans un petit hôtel triste. L'homme ne marche pas droit, il a bu trop d'absinthe. La fille semble comme apaisée. Elle sait qu'elle va pouvoir enfin allonger son corps sans feindre l'amour. Elle va tendrement enlacer son amant qui s'endormira aussitôt. A l'aube elle sanglotera silencieusement dans ses bras. L'agonie de la nuit peut enfin cesser.

Elles se nomment Divine, Élisa, Marie en Tête, Marie Coups de Sabre, Marguerite, Aglaé, Caca, Bijou, Olympia, Pépé la Panthère, Poil Ras, Poil Long, Crucifix, Irma, Amanda, Octavie, Belle Cuisse, Titine, Pieds Fins, Paulette, la Grimpée, Gina, Nana, Fernande, Rosa...

On les appelle filles de joie, filles de nuit, filles d'allégresse, filles à parties, filles d'amour, filles en circulation, filles à barrière, filles de beuglant, pierreuses, soupeuses, marcheuses, cocottes, hétaïres, horizontales, trotteuses, visiteuses d'artistes, lorettes, frisettes, biches, pieuvres, aquatiques, demi-castors, célibataires joyeuses, vénus crapuleuses.

La prostitution est une affaire de couples. Couple fille-client, souteneur-fille, fille-fille, maîtresse de maison-fille. Couple sexe-argent, désir-impuissance, désir-perversion, imaginaire-réel. Couple nuit-fille, alcool-fille, musique-fille. Couple homme-femme bien évidemment. Qui peut le nier ? Il faut pourtant le rappeler, car dans l'abondante littérature prostitutionnelle seule la prostituée est puissance agissante. C'est elle qui provoque, débauche, qui entraîne l'homme dans la spirale du libertinage et du vice. Rares sont les observateurs qui parlent de l'autre, du corps désirant, de celui que les plus révolutionnaires appellent le prostituant. Sans lui pourtant pas de prostitution, pas de marché du sexe, pas de circuits de vente du désir.

Certes la prostitution a toujours existé et les nombreux historiens de la prostitution ne manquent pas de consacrer un de leurs chapitres à l'évolution du phénomène depuis l'Antiquité. De tout temps, depuis que l'homme est homme, des femmes et des hommes ont vendu leurs corps. Et pourtant qu'ils soient médecins, historiens, moralistes, policiers, idéologues, artistes, romanciers, tous s'accordent à dire que la prostitution, au XIXe siècle, a changé de statut et j'oserai même dire de nature. Tout d'abord elle s'est amplifiée et, sans devenir le phénomène massif que certains ont voulu faire croire, elle a troublé puis inquiété ceux qui se pensaient investis de la mission de veiller au bon ordre social. Il est d'ailleurs impossible d'avancer un chiffre réel. Les statistiques les plus fantaisistes circulent et les écarts sont étonnants. On peut, si l'on compare les différentes sources, donner le chiffre de trente mille prostituées au début de la monarchie de Juillet et celui de cinq cent mille dans les années 1930 *. Parent-Duchâtelet, en 1836, donne le chiffre de dix mille prostituées à Paris alors que la police, au même moment, en déclare trente mille. Maxime du Camp, lui, annonce le chiffre de cent vingt mille prostituées à Paris en 1872!

La prostituée est une personne qui, par obligation ou par inclination, sort des normes et se met à part socialement, affectivement, sexuellement. Elle quitte le domicile familial parce qu'on l'y a encouragée ou parce qu'elle croit à une illusoire liberté. Elle déserte l'atelier ou le travail en chambre et, parce qu'il faut bien vivre, se laisse accrocher par un voisin, un passant, un cabaretier, un fringant jeune homme, un danseur émérite, une copine éméchée qui l'emmène dans un café. Il existe aussi des parents mal intentionnés, des mamans qui veulent gagner de l'argent avec la chair de leur chair, des concubins grivois et peu jaloux qui désirent boucler leurs fins de mois.

On ne naît pas prostituée, on le devient. C'est un métier, pas un état. Les filles ne sont pas prostituées dans l'âme quoi qu'en pensent les idéologues qui, fascinés par la fange et l'obscénité, voient en elles des « égouts séminaux » et des dépotoirs de fantasmes. On ne se dit pas prostituée. Ce n'est ni une déclaration de guerre ni une déclaration d'amour. Généralement elles en sont peu fières. Elles n'affirment donc pas avec éclat ce qu'elles font mais les

* Le chiffre de trente mille est cité par le procureur général Ducot. Lecour parle de soixante mille et Cogniart, avant la guerre de 14, parle de cinq cent mille prostituées!

policiers, les médecins, les garants de l'ordre social ne cessent de le leur rappeler. La prostituée est une insoumise. J'emploie à dessein la terminologie juridique et administrative qui désigne la catégorie de filles qui travaillent à leur compte et qui ont choisi de ne pas se laisser enfermer dans une maison et de se faire enregistrer officiellement par la police. Mais, qu'elles soient en carte, c'est-à-dire pourvues d'un dossier et d'un livret de santé, ou non répertoriées par les autorités, elles sont insoumises.

Envers d'une féminité assagie et maternante, elles provoquent attirance et répulsion. Issues en grosse majorité de familles d'ouvriers et d'artisans, elles ont fait de leur corps même leur instrument de travail. Certaines ont été acculées à se vendre pour pouvoir tout simplement continuer à vivre. Les histoires de femmes seules et abandonnées avec des petits enfants crevant de froid et de misère dans des garnis glacés et qui, pour ne pas mourir, descendent dans la rue, ne sont pas que des fictions de feuilletonnistes. Au moment où les classes sociales se composent sans être définitivement figées, au moment où, comme l'a si bien démontré Louis Chevalier *, les classes laborieuses deviennent des classes dangereuses, sur fond de bourgeoisie qui accumule de l'argent et commence à vouloir le dépenser pour en tirer de la jouissance comme savait le faire, pense-t-elle, l'aristocratie, les prostituées brouillent les pistes, chevauchent les classes sociales, enflamment l'imaginaire des hommes et font reculer les frontières de la pudeur et de la respectabilité. Elles-mêmes, au grand désespoir des hygiénistes et des policiers, ne se laissent pas enfermer dans des catégories et, malgré l'obstination obsessionnelle des idéologues qui tentent de les fixer coûte que coûte dans des lieux – bordels, maisons de

* *Classes laborieuses, classes dangereuses*, Paris, Plon, 1958.

rendez-vous, brasseries, cafés, maisons à parties — et dans des statuts – filles en carte, filles à numéro, filles insoumises –, elles parcourent en tous sens et de façon désordonnée, au gré de leurs humeurs, les différents stades de leur étrange carrière. Car carrière il y a. Éphémère souvent. Les derniers travaux les plus sérieux montrent à l'évidence * que la prostitution est un état transitoire. La beauté, la jeunesse, l'éclat sont bien entendu des armes, mais ne suffisent pas à expliquer tous les changements de cap. Il arrive exceptionnellement que quelques filles se marient. Que d'autres, elles sont encore plus rares, épousent Dieu. Mais les autres ? Enregistrées par la police au moment où elles exercent leur métier, on peut suivre leur trace dans les archives jusqu'à ce qu'elles se fondent de nouveau dans la société. Car alors il n'y a plus ni archives ni histoire...

La prostitution n'est donc pas un destin, quoi qu'en pensent certains romanciers. Elle ne constitue pas non plus une tare héréditaire, comme le soutiennent des criminologues. Elle apparaît encore moins comme un vice, une maladie mortelle, ainsi qu'aimeraient le faire croire bon nombre de moralistes. Mais, au fond, qu'est-ce que la prostitution ? La question est si épineuse que les tentatives pour la définir seront multiples et quelquefois contradictoires. Pour Frégier, chef de bureau de la préfecture de Paris en 1840, la prostitution est « un vice enfanté par l'une des passions les plus impérieuses de l'homme et auquel les progrès de la civilisation n'ont pu opposer aucun remède efficace ». La prostitution étant un mal nécessaire, les prostituées deviennent donc des ouvrières spécialisées, des soulageuses professionnelles, des vidangeuses d'amour. La comparaison entre la prostitution et l'ordure, la prostitution

* Jacques Terneau, *Maisons closes de province*, Cénomane, 1986.

et l'égout, court tout au long du siècle. Il revient au docteur Parent-Duchâtelet l'immense mérite de l'avoir formulée le premier de façon claire : « Les prostituées sont aussi inévitables dans une grande agglomération d'hommes que les égouts, les voiries, les dépôts d'immondices. La conduite de l'autorité doit être la même à l'égard des uns et des autres. » Le docteur Saint-Paul reprendra cette aimable définition en la synthétisant : « La prostituée est indispensable à la cité comme la poubelle à la famille » et Charles Albert en fera le dégorgeoir des virilités, la plaie par où s'écoule le pus social. Le Dictionnaire de l'Académie publié en 1855 sera moins virulent en la définissant prosaïquement comme « abandonnement à l'impudicité », formule que reprendra le Littré. Certains penseurs affirmeront haut et fort que la prostitution apparaît comme le dernier vestige de l'esclavage dans notre civilisation. Victor Hugo *, Proudhon **, Victor Margueritte *** appartiennent à cette catégorie et pensent, comme Marx, que la prostitution n'est qu'une expression particulière de l'exploitation des ouvrières. D'autres idéologues, plus économistes, en allégueront le caractère contractuel. Ainsi, pour E. Dolleans, la prostitution se définit comme « l'échange d'une prestation de plaisir contre une prestation d'argent ». La prostituée vend son plaisir mais n'en éprouve pas. Aux yeux de la majorité des observateurs, cela semble même constituer l'une des conditions de la prostitution. Ce n'est ni l'instinct, ni le vice qui la fait descendre dans la

* « On dit que l'esclavage a disparu de la civilisation. C'est une erreur. Il existe toujours, mais il ne pèse que sur la femme. »

** « Le sacrifice de la dignité humaine à l'égoïsme, à la cupidité, à l'orgueil, au plaisir, à toutes les séductions inférieures. »

*** « Les prostituées sont les soldats de cette sombre armée du vice. »

rue ou attendre le client dans le bordel, mais bien l'argent. Pour Yves Guyot *, par exemple, est prostituée toute personne pour qui les rapports sexuels sont subordonnés à une question de gain. Mais une fille qui vend ses charmes peut-elle aussi s'offrir, pour le plaisir, un ou plusieurs jeunes gens ? Reste-t-elle dans ces moments-là une prostituée ? Une ouvrière qui travaille régulièrement dans un atelier et qui, tout aussi régulièrement, descend le soir dans la rue pour faire ce qu'on nomme « son cinquième quart de la journée » est-elle une prostituée ? Jusqu'à quand une prostituée qui s'est arrêtée reste-t-elle une prostituée ? Quelles sont les conditions pour rester encore, à ses propres yeux, et aux yeux du monde, une prostituée ? Abraham Flexner a raison de prendre en charge le caractère hétérogène et parfois éphémère de la prostitution. Pour lui, « est prostituée toute personne qui habituellement ou occasionnellement a des relations sexuelles plus ou moins banales, moyennant paiement ou toute autre considération mercenaire... Une femme peut être une prostituée même dans le cas où elle ne serait pas notoire, où elle n'aurait jamais été arrêtée, où elle serait simultanément employée d'autre part à une occupation rémunérée ** ».

La prostitution n'est pas interdite mais tolérée, comme l'exprime le terme même de « maison de tolérance ». Il convient donc, pour les autorités publiques, de la réglementer pour pouvoir mieux la contrôler. L'État ne voudra jamais se mêler directement de ces affaires de mœurs et s'en déchargera auprès de l'administration et de la police. La réglementation de la prostitution dépendra donc de

* Yves Guyot, *La prostitution*, 1882.
** Abraham Flexner, *La prostitution en Europe*, 1919.

l'autorité municipale. A chaque ville donc ses arrêtés *, à chaque maire la possibilité de rendre plus ou moins supportable la vie quotidienne des prostituées. La réglementation date du Consulat mais sa véritable mise en place ne sera efficace, tant à Paris qu'en province, que dans les premières années de la monarchie de Juillet. Le souci de réglementer ne fera que s'exacerber tout au long du siècle et cette politique tatillonne d'enfermement du vice débouchera sur un échec, visible déjà à l'aube du XXe siècle mais flagrant et définitif à l'aube des années 1930. Alain Corbin, sans qui ce travail n'aurait pu voir le jour tant son étude sur les filles de noce a dégagé sous un jour totalement nouveau les structures institutionnelles, politiques, juridiques de la prostitution au XIXe et au XXe siècle, distingue trois grandes phases : le réglementarisme dans les débuts du XIXe siècle, le néo-réglementarisme à la fin du XIXe siècle, le sanitarisme après la guerre de 14-18.

Il est certes difficile de découper en périodes bien précises une étude portant sur l'histoire des mentalités, par définition diffuse, et dont les racines tant politiques, juridiques, que psychologiques et fantasmatiques s'étendent si profondément. On n'a cessé de le répéter comme une complainte : la prostitution est le plus vieux métier du monde, mais ce n'est pas pour autant qu'il est sans histoire ! On pourrait nommer la période 1830-1930 : splendeur et décadence de la maison close. Avant les années 1830 le bordel n'avait pas encore véritablement de fonc-

* Il existe cependant des exceptions : en 1851 à Lyon la réglementation est à la charge du préfet. Entre 1855 et 1867, il en va de même pour les villes de plus de 4.000 habitants; la loi municipale de 1884 redonne aux maires leurs prérogatives mais réserve aux préfets le droit d'intervenir dans tous les cas qui n'auraient pas été prévus par l'autorité municipale.

tion : lieu de débauche, lieu de rendez-vous, il servait de lieu d'échange pour le vin, les aliments ou le sexe. Puis sa finalité de lieu de plaisirs en tous genres ne cessera de se préciser et de s'amplifier. Après son heure de gloire, il perdra, dès les années 1880, de son attrait, de sa charge érotique et affective, et de son mystère. La guerre de 14-18 le fera sortir de sa léthargie mais les années 30 signeront sa mort quasi définitive bien avant la loi du 13 avril 1945, dite loi Marthe-Richard, qui le démantèle juridiquement , sans provoquer, malgré les clichés ressassés sur l'affluence le jour de la « fermeture », de grands bouleversements.

La vie quotidienne des filles vénales dépend entièrement de leur statut, du lieu où elles exercent leurs charmes, de la chance, de leur beauté, des rencontres. Les courtisanes, telles des étoiles filantes du désir, sont celles qui sans doute aliènent le moins leur liberté. Les autres, les filles de bordel, les clandestines, les filles en carte, subiront bien souvent le joug de l'humiliation sans pour autant se laisser avilir. Mais comment imaginer la détresse et la souffrance de toutes les petites filles que nous rencontrerons, enfermées dans ces vaisseaux du stupre ?

La pierreuse misérable des fortifs comme l'horizontale richissime du faubourg Saint-Honoré appartiennent à la même communauté et partagent la même expérience : elles connaissent les hommes dans leurs tréfonds. Elles ont appris juqu'à l'amertume les mécanismes du désir sexuel et savent que le monde n'est qu'un gigantesque lupanar. Adulées par les hommes quand elles sont dans l'éclat de leur beauté, elles seront dans leur vieillesse, par ces mêmes hommes, souillées d'injures et rouées de coups. Elles en ont pris les risques, portées souvent par une force et une énergie qui les habitent et soutenues par l'idée de l'amour qu'elles se sont construite. Car ce sont de grandes amoureuses. Elles aiment d'un amour fou le proxo, le mac, le marlou ou l'amant. Pas le client. Jamais le client qui, pour elles, incarne le vice : les soldats de cette sombre armée du vice qui obsèdent tant les moralistes sont des sentimentales souvent écœurées par les turpitudes du sexe. Pensez à Nana qui, pourtant déjà lancée dans la carrière, s'étonne de la crapulerie du vice et du raffinement des perversions. « ... Il n'y avait donc plus de vertu ? Du haut en bas on se roulait. Eh bien! ça devait être du propre dans Paris de neuf heures du soir à trois heures du matin; et elle rigolait, elle criait que si l'on avait pu voir dans toutes les chambres on aurait assisté à quelque chose de drôle; le petit monde s'en donnant par-dessus les oreilles; et pas mal de grands personnages, çà et là, le nez enfoncé dans la cochonnerie plus profondément que les autres. Ça compléterait son éducation * ».

Munies de leur savoir-faire, conscientes des fantasmes qu'elles déchaînent, certaines prostituées deviendront des agents du désordre et des passions. D'autres, écrasées par leur condition, enfermées dans des maisons, subiront leur état d'esclaves des temps modernes et resteront ravalées au rang d'objets en perdant leur identité. Toutes noceuses et compagnie, du haut en bas de la société, toutes des ennemies désirées qui compliquent de leur ferment la putridité générale, pensent, disent et écrivent les bourgeois. Hélas les prostituées sont restées sans voix. Ce sont toujours les hommes qui ont voulu les raconter. J'ai pu miraculeusement, et à de très rares reprises, trouver trace de leurs vies dans des archives,

* Zola, *Nana*, Le Livre de poche.

mais pour des doléances particulières et de façon parcellaire. Rien ou si peu sur leur intimité, leur vie quotidienne, leurs émotions, leurs passions. C'est donc à partir du vacarme et de la rumeur de la littérature prostitutionnelle masculine que je vais tenter de restituer partiellement des fragments de leur histoire.

J'ai utilisé, en les croisant, des sources diverses : des traités de médecins, d'hygiénistes, de moralistes, des documents d'archives provenant principalement de la Bibliothèque historique de la Ville de Paris, des textes judiciaires et administratifs, les rares témoignages des prostituées trouvées chez des collectionneurs et à la bibliothèque de l'Arsenal ainsi que des textes littéraires.

Dans cet univers où pèse le secret , où le mensonge et le travestissement sont de mise, il serait naïf d'imaginer atteindre le réel et pouvoir, comme si de rien n'était, se livrer à une reconstitution de la vie des prostituées, par définition cachée, hors d'atteinte définitivement.

D'où le pari de ce livre dans cette collection « La vie quotidienne ». Ayant été « élevée » par des maîtres qui considéraient que la diversité et l'hétérogénéité des sources ne pouvaient qu'enrichir la vision d'un passé, et *a fortiori* d'un passé si proche, j'ai fait appel à la multiplicité des discours. A chaque fois que je l'ai pu – et selon les différentes catégories de prostituées – j'ai utilisé les sources littéraires qui ont nourri notre imaginaire et qui, bien souvent, ont construit en nous plus ou moins consciemment une typologie de cet étrange métier. Qui, à l'adolescence, n'a frémi d'émotion, en lisant la description que fait Zola s'enivrant lui-même de cette construction immatérielle qu'est toute création romanesque, de ce personnage de Nana si présent avec son haleine chaude, son parfum capiteux, ses chairs si blanches, son corps en permanence alangui ? Qui n'a pas été charmé et amusé par l'atmosphère douce, tranquille, rassurante, de la maison close qu'est la Maison Tellier ? Antre chaud où viennent se détendre à la nuit tombée les masculinités provinciales quelque peu assoupies, cette maison bien tenue qui sent l'encaustique et la tarte aux pommes est devenue, grâce à Maupassant, le symbole du bordel national.

Difficile pour autant d'oublier, à la lecture de ces récits la part de construction mentale et l'échappée dans la fiction, même si, bien souvent, ces écrivains, quand ils abordent ce sujet à la fois brûlant et honni qu'est la prostituée, disent qu'ils ont laissé au vestiaire leurs armes de romanciers pour faire, grâce au réalisme, œuvre de reconstitution du réel. N'oublions pas que les frères Goncourt, Jean Lorrain, Francis Carco, Pierre Mac Orlan et tant d'autres étaient des connaisseurs des bordels et des amoureux des courtisanes.

En déchiffrant ces œuvres sur la prostitution et en affrontant leur diversité, le vertige vient vite et la lecture même des textes provoque des émois de toutes sortes. Comment, en effet, ne pas être indigné par le ton glacé qu'utilisent les policiers pour, dans leurs rapports, décrire les viols que subissent les petites filles dans certaines maisons closes ? Comment ne pas être troublé par les confessions érotiques d'une jeune femme, dormant dans un carton de bibliothèque, où elle explique de façon impudique et excitante ses débuts dans le métier ?

Autant donc ne pas chercher l'impartialité dans ce récit issu lui-même du tissage des multiples récits qui ont construit l'objet prostitution. J'ai procédé comme une enquêtrice et j'ai constaté que plus j'avançais dans la recherche, plus la vérité se dérobait. Car l'histoire est transcription, éclairage, et l'historienne – car, sans faire de l'histoire engagée, il serait mensonger de nier que le fait d'être une femme travaillant sur cette « lie de l'humanité » que sont les prostituées a dû influencer le regard – a été ici une narratrice. Ainsi, comme le dit Arlette Farge *, « la première illusion à combattre est-elle celle du récit définitif de la vérité. L'histoire n'est pas une manière de faire qui se fonde sur un discours de vérité contrôlable en tous ses points ». Ici autant sinon plus que dans d'autres domaines. Car tous les discours sur la prostitution bruissent de la fièvre des désirs, des impatiences de la chair et de la fureur des fantasmes. Cette masse d'écrits – complaintes d'amour comme énoncés policiers – garde ses secrets et ne peut que renvoyer à l'énigme – par définition inviolable – des noces de l'amour et du désir.

Au-delà donc de la prostitution comme phénomène de société qui a engendré pendant un siècle les commentaires passionnés des différents acteurs de la scène sociale, j'ai cherché à retrouver les prostituées, des femmes après tout comme toutes les autres femmes.

Dans cette déambulation, le réel et le fantasme vont donc s'enchevêtrer inéluctablement.

* *Le goût de l'archive*, Seuil, 1989, p. 115.

CHAPITRE PREMIER

L'AMOUR DANS L'ALCÔVE

De la mousseline, de la soie, du satin, du velours. De cette profusion de tissus se dégage une atmosphère capiteuse de sensualité facile et de richesse désordonnée. Au centre de la chambre trône le lit en bois noir marqueté de nacre ou de bois sculpté relevé de touches d'or. Instrument de jouissance, de souffrance ou de fortune, il gît là comme un vaisseau prêt à appareiller à tout instant. La pièce entière n'existe que pour lui servir de cadre. Savamment caché par des rideaux, orné par des petits amours ou des colombes s'entrebaisant, il est, avec ses draps parfumés un peu défaits, le théâtre, le trône, l'autel, l'instrument de travail de la femme.

Dans la vie de la femme entretenue, tout commence et tout finit au lit. Les couchers sont tardifs, les ébats amoureux souvent obligatoires et les réveils bien souvent amers. Dans l'appartement tout concourt à donner au visiteur l'idée du luxe, un luxe souvent tapageur : les tapis sont des peaux d'ours, les glaces ont des cadres trop dorés, les appliques sont inévitablement ornées de bougies roses, les boules sont de faux cuivre. Partout flotte une odeur parfumée, tendre et tiède. Les fauteuils sont confortables,

les divans nombreux, les canapés profonds comme des alcôves et les tableaux représentent des Dianes au bain, des innocences perverties et des amazones mutines. Somnolence, paresse, caresse.

Ici les corps se détendent, les rires fusent, les bouches se rapprochent. Ici vit la femme chic, la femme lancée, la marquise des hauts trottoirs, la femme entretenue, la dame de cœur, l'impératrice d'alcôve, l'idole du temple d'amour. Au sommet de la hiérarchie des femmes entretenues, elle inquiète les moralistes par l'influence pernicieuse qu'elle exerce sur la société, fait tourner le cœur des banquiers et des hommes d'affaires et trouble les bourgeoises par ses vêtements provocants et ses poses lascives.

On les appelle des impures et de leur impureté elles ont tiré leur force : elles possèdent une certaine science de l'amour et l'art de dépenser l'argent à pleins millions. Elles disposent de leur corps, de leur beauté, de leur jeunesse, de leur savoir-faire comme d'un capital. Leur arme la plus efficace est le mépris caché mais profond qu'elles vouent à leurs amants-clients. Il ne suffit pas de payer pour pouvoir posséder. Mais il faut d'abord payer. Payer l'hôtel particulier, les attelages, les tenues, les soirées. Dépenser, dévorer, ruiner, rejeter pour ensuite trouver d'autres fortunes et recommencer.

Plusieurs catégories composent l'étrange classe de ce type de courtisanerie qui a commencé à éclore dès 1830 après la révolution de Juillet. Elle ne cesse d'augmenter ensuite et son âge d'or se situe sous le Second Empire dans les années 1850-1860. Les carrières sont toujours fulgurantes et les destins souvent malheureux. Toutes ces femmes appartiennent à la catégorie des insoumises : dans leur grande majorité elles n'ont pas déclaré leurs activités à la police qui les laisse exercer sans les inquiéter. Elles vivent et officient chez elles dans des appartements ou des hôtels même si, en cas de manque, elles n'hésitent pas à descendre dans la rue pour faire le trottoir.

La facilité avec laquelle elles peuvent changer de statut et transformer leur apparence inquiète beaucoup les observateurs. « Châtelaine ennuyée, bourgeoise incomprise, cabotine dédaignée, paysanne déniaisée, la courtisane est tout... Elle est l'énigme éternellement indéchiffrée qui intrigue l'homme et l'épouvante », note Pierre de Lano *. Le problème est, en effet, de taille : comment reconnaître une femme respectable d'une femme vénale ? Chacune prend chez l'autre ce qui lui plaît, contribuant à créer une confusion regrettable. La figure de la grande cocotte, dont l'heure de gloire se situe dans les années 1850, sait utiliser les convenances de la bourgeoisie qu'elle imite en voulant la dépasser ; la femme du monde subit la contagion voluptueuse émanant de ces dames de cœur qu'elle rencontre au Bois et aux courses. L'angoisse est grande. Comment peut-on savoir que l'on a affaire à une fille ?

Cabourg, 25 août 1853 : « Aux bains de mer, les filles ressemblent à des honnêtes femmes et elles affectent cette ressemblance. Elles ont la même toilette, de la tenue, des enfants comme elles qu'elles promènent et qu'elles ont l'air d'aimer ** » notent dans leur journal les frères Goncourt, grands reporters devant l'éternel, amateurs de femmes entretenues et de filles de joie, mais cependant inquiets de ce flou savamment entretenu. Alexandre Dumas fils, auteur de l'inoubliable *Dame aux camélias* s'est en quelque sorte spécialisé dans la description des mœurs de la tribu des demi-mondaines. Dans une comédie intitulée *Le*

* P. de Lano, *Courtisane*, 1883.
** E. et J. de Goncourt, *Journal*.

Demi-monde, représentée pour la première fois à Paris le 20 mars 1855 au théâtre du Gymnase devant une salle comble, il saura entretenir le suspense en comparant la courtisane à une pêche! « Certaines sont plus grosses que les autres, mais plus serrées les unes aux autres. Apparemment les mêmes et pourtant les moins serrées sont moins chères. Le commerçant se prendra alors une pêche au hasard, le plus délicatement possible, entre ses deux doigts; il la retournera et vous montrera un tout petit point noir qui sera la cause de son prix inférieur. Eh bien! mon cher, vous êtes ici dans le panier de pêches à 15 sous. Les femmes qui vous entourent ont toutes une faute dans leur passé, une tache sur leur nom; elles se pressent les unes contre les autres pour qu'on les voie le moins possible; et avec la même origine, le même extérieur et les mêmes préjugés que les femmes de la société elles se trouvent ne pas en être; et composent ce que nous appelons le demi-monde qui n'est ni l'aristocratie ni la bourgeoisie, mais qui vogue comme une île flottante sur l'océan parisien, et qu'on appelle et qui accueille, qui admet tout ce qui tombe, tout ce qui émigre, tout ce qui se sauve de l'un de ses deux continents, sans compter les naufrages de rencontre et qui viennent d'on ne sait où *... »

Cette île des courtisanes abrite des non-classées, des déclassées, des parvenues. La non-classée, apparue dans les années 1870, est la veuve, la femme abandonnée. Elle n'aime les excès ni d'argent ni de toilette ni de désir et ne mène pas généralement une vie tapageuse. Elle peut être aussi l'exotique que les messieurs rencontrent dans certains salons de la colonie étrangère ou dans certaines pensions de famille des alentours des Champs-Elysées. La

* Acte II, scène IV.

déclassée est la femme divorcée * ou séparée avec éclat, ou bien la gouvernante étrangère qui a su se faire remarquer en promenant le bébé au jardin, ou encore la jolie jeune fille de province qui s'est lassée de chercher un mari à sa hauteur et qui monte à Paris sans argent. Les parvenues, elles, ont toujours existé. Dès les débuts de la monarchie de Juillet elles tentent leur chance à Paris. Elles viennent de la catégorie des filles de théâtre, des chanteuses de bastringue, des danseuses des bals du samedi soir, des visiteuses d'artistes, toutes ces filles insouciantes, jolies comme des cœurs, qui aiment la nuit, la danse, les rencontres. La femme lancée, « la reine des impures », vit au jour le jour, elle épate par son extravagance et ne veut pas savoir ce que sera demain. Elle profite des fastes du Second Empire. Sa sœur, la femme entretenue, fait tous ses efforts pour ressembler à une femme élégante mais honnête. On l'appelle la dégrafée quand elle vieillit, l'aquatique lorsqu'elle tombe un peu trop souvent sous le charme d'escrocs amoureux qui la plument avant de la quitter et le demi-castor quand, après avoir été du monde, elle semble toujours en être alors qu'elle est devenue une industrielle de l'amour. On l'appelle pieuvre ou femme en commandite lorsqu'elle est entretenue collectivement par des amis du meilleur monde **.

Il peut arriver (à vrai dire assez rarement) que les rôles s'inversent et que la bourgeoise joue à la prostituée de haut rang. Les rendez-vous se donnent alors souvent dans les cabinets particuliers des restaurants. Selon Flévy d'Urville (spécialiste, comme

* Evidemment, depuis que le divorce existe en France, c'est-à-dire depuis le 27 juillet 1884.

** A. Esquiros, *Les Vierges folles*, 1840 et M.F. Goron, *L'Amour à Paris*, 1899.

Parent-Duchâtelet, des ordures mais aussi de certaines turpitudes voluptueuses parisiennes – déchets/prostituées, on l'a vu, même combat), il semblerait que la bourgeoise ait le culot de demander à son mari de l'attendre au restaurant. Il note en 1874 :« Pendant que le prédestiné mâche des cure-dents en l'attendant dans le grand salon, Madame est depuis longtemps installée avec son Adonis dans un cabinet particulier de son établissement *. » Goron, ancien chef de la sûreté, ex-chef de la police, raconte en 1899 l'aventure arrivée à une femme de la haute, mariée à un homme politique connu : après avoir accroché un beau jeune homme un après-midi dans le passage des Panoramas, elle le fit monter dans une chambre d'un garni où ils furent arrêtés par une ronde de police. Elle passa une nuit au dépôt à l'issue de laquelle elle raconta à Goron qu'elle avait été prise d'un « coup de folie » à la découverte de l'adultère de son mari avec sa bonne. Le mari, après avoir refusé le licenciement de la bonne, avait giflé sa femme devant la bonne qui avait ri.

La vengeance contre soi-même, le désir d'humiliation, l'impossible union de l'âme et de la chair sont à l'origine de cet instinct irrépressible qui guide Séverine tous les après-midi dans une maison de rendez-vous où elle se métamorphose en Belle de jour. Le livre de Kessel publié en 1928 fait scandale. Séverine, issue de la bonne bourgeoisie, mariée à Pierre qu'elle aime, entend un jour parler par une de ses amies d'une maison de rendez-vous où viennent se faire prendre, moyennant paiement, par désir du risque et recherche de la volupté, des jeunes femmes semblables à elle. Comme une droguée en état de manque, comme un joueur ruiné, elle ne peut que céder, effrayée, à l'appel et à l'exigence des sens.

* Flévy d'Urville, *Les Ordures de Paris*, Paris, 1879.

L'émancipation du corps, l'intensité du plaisir jouent à la fois comme asservissement et purification. « La figure de madame Anaïs, les beaux seins de Charlotte, l'humilité équivoque du lieu, son odeur qu'elle avait cru porter un soir dans ses cheveux, tout cela s'acharna sur la mémoire charnelle de Séverine. Elle en frémit d'abord de répulsion, puis l'accepta, puis s'y complut. La présence de Pierre et l'amour déchirant qu'elle avait pour lui la défendirent quelques jours. Mais la fatalité intérieure inscrite en Séverine, vrai sceau de son destin, devait s'accomplir *. »

On ne joue pas impunément à exciter les hommes. Séverine n'éprouve de plaisir qu'avec les clients et ne peut plus aimer son mari. La courtisane, elle, agit de façon inverse : elle subit ses amants-clients sans jamais se laisser emporter mais garde ses élans pour son amant de cœur et s'offre de temps en temps une nuit de plaisir avec un jeune homme frais. « Pourquoi est-ce à vous le premier à qui je m'adresse pour partager la joie du désir qui m'est venu ? Sans doute parce que j'ai reconnu que vous m'aimiez pour moi et non pour vous tandis que les autres ne m'ont jamais aimée que pour eux » s'écrie Marguerite Gautier, héroïne de *La Dame aux camélias*, dans sa première nuit d'amour **. Alexandre Dumas fils immortalise l'innocence, la beauté et, pourrait-on dire, la virginité du personnage de la courtisane parisienne dans les années 1840. Contrainte de vivre de ses charmes, séductrice, rouée mais jamais vulgaire ni menteuse, Marguerite meurt dans la fleur de sa jeunesse, couverte de dettes, après avoir connu l'amour, l'amour véritable avec un homme qui pré-

* J. Kessel, *Belle de jour*.
** A. Dumas fils, *La Dame aux camélias*, 1848.

férait son âme à son corps... « Cela paraîtra peut-être ridicule à bien des gens, écrit Dumas en guise d'avertissement au début de son roman, mais j'ai une indulgence inépuisable pour les courtisanes, et je ne me donne même pas la peine de discuter cette indulgence. »

Les mondaines se livrent, les filles aussi. Si les filles se vendent et couchent, les mondaines ont des faiblesses et tombent. La différence réside souvent dans la coquetterie de la chute. « Elle se livre suivant que le cœur lui en dit, pour un dîner, une partie au Bois... pour un léger cadeau. Elle ne s'affiche pas dans la rue, à peine quelques regards en coulisse, une tournure fringante, un mouvement de la croupe, une manière à elle de draper le châle ou le mantelet la décèle aux yeux exercés *. »

Elles viennent du monde ouvrier, des milieux de l'artisanat, mais aussi de la petite bourgeoisie. Elles ne sortent pas toutes, comme par miracle, telles des fleurs magnifiques écloses de la puanteur, du fumier des vaches ou du ruisseau des quartiers sales de villes. Les amies de Nana en témoignent : Lucy est fille d'un graisseur employé à la gare du Nord, Caroline fille d'un employé bordelais, Simone, fille d'un marchand de meubles du faubourg Saint-Antoine, élevée dans un grand pensionnat pour être institutrice. Seule Clarisse a été bonne à Saint-Aubin avant d'avoir été « lancée » par le mari de sa patronne. Marthe ** est la fille de Sébastien Landouzé, artiste peintre et de Florence Herbier, ouvrière en perles fausses. Le frère de sa mère, qui s'occupa d'elle après la mort de ses parents, est ouvrier luthier; elle-même, avant sa « chute », tra-

* A. Esquiros, *op. cit.*
** J.K. Huysmans, *Marthe.*

vaillait dans un atelier de perles. Publié en 1876, un an avant *La Fille Elisa* d'Edmond de Goncourt, le premier roman de J.K. Huysmans provoqua les clameurs indignées de certains idéalistes qui préféraient qu'on tût la vie de ces filles qui, comme Marthe, débutent comme petites actrices de théâtre puis connaissent, pour survivre, la spirale des métiers de l'amour. D'autres femmes viennent de ce qu'Adeline Daumard * appelle la bourgeoisie populaire. Elles se lancent dans des carrières éphémères de danseuse, de musicienne, de chanteuse et, ne pouvant elles aussi subvenir à leurs besoins, finissent par offrir leurs charmes en procédant au « levage ». Toutes donnent l'impression qu'elles choisissent l'homme et qu'elles s'offrent à lui dans une relation de liberté et d'égalité.

En 1864 la police de Paris dénombre cent vingt-cinq mille femmes galantes exerçant leur industrie dans toutes les classes sociales **. Blanche d'Antigny, l'une des marchandes d'amour les plus célèbres et les plus scandaleuses du Second Empire, était la fille de Jean d'Antigny, menuisier de l'Indre. Voltesse de la Bigne, de son vrai nom Louise Delabigne, était fille de lingère et non, comme elle le fit croire à ses adorateurs, la descendante d'une grande lignée d'aristocrates dont l'arbre généalogique remontait au XIVe siècle ***! Toutes ont été lancées, mises sur orbite par des marchandes à la toilette, des entremetteuses, des mamans mal intentionnées, des proxénètes du grand monde, des spectateurs professionnels de théâtre de boulevard, des tapissiers en quête de gains.

Pendant la monarchie de Juillet, le commerce

* A. Daumard, *La Bourgeoisie parisienne de 1819 à 1848*, 1963.

** Chiffre donné par C. Blanchard, *Dames de cœur*, 1949.

*** *Cf.* C. Blanchard, *op.cit.*

des marchandes à la toilette semble très florissant : en quête, dans leur voisinage, de jeunes filles avenantes, elles leur proposent de leur louer des toilettes pour leurs sorties. Ce sont les femmes qu'elles peuvent vendre ensuite, sans les robes, dans des boutiques sinistres « où l'on entend alors le râle d'une phtisie sous un châle, comme on y devine l'agonie de la misère sous une robe lamée d'or * ». C'est ainsi qu'Asie l'entremetteuse vend Esther et, tel un vautour au bec rougi sur des cadavres, la monnaie, comme un maquignon un cheval, au vieux corrompu de Nucingen. Donnant donnant. La fille est fraîche, elle a coûté très cher, elle est de première main, elle est jeune – elle a vingt-deux ans – elle a un gentil cœur, et elle est obéissante. La négociation est difficile. Asie est âpre au gain et Nucingen trouve la fille trop chère. Mais Asie qui sait y faire ne se presse pas et attend. Elle gagne. « La familiarité la plus déshonorante est le premier impôt que ces sortes de femmes prélèvent sur les passions effrénées ou sur les misères qui se confient à elles; elles ne s'élèvent jamais à la hauteur du client, elles le font asseoir côte à côte auprès d'elles sur leur tas de boue **. » Ainsi écrit Balzac dans *Splendeurs et misères des courtisanes*, l'un des plus grands *shows* de *La Comédie humaine* comme le dit Pierre Barbéris, où Esther, devenue « fille à numéro » par hasard, brille de tous les feux de la beauté, de la sincérité, de l'intelligence, de la sensibilité. Esther dite la Torpille qui, dans « Comment aiment les filles », conjugue les qualités de la fille de joie et de la courtisane et sait toujours faire sortir l'animal en l'homme, animalité dans laquelle il se vautre avec excès.

Les courtisanes se recrutent aussi beaucoup

* Honoré de Balzac, *Splendeurs et misères des courtisanes*.
** *Idem.*

dans le milieu du théâtre, comme Marguerite Bellanger, actrice et cocotte. Les jeunes actrices mineures qui font de la figuration sont assaillies par des femmes qui viennent à la sortie des représentations essayer de les acheter. Les mères d'actrices ont la réputation dans la police de vendre elles-mêmes les charmes de leurs propres filles au plus offrant et n'hésitent pas, quelquefois, à les lancer dans la débauche avant même l'âge de la nubilité. Le théâtre apparaît comme l'un des lieux de prédilection de la courtisanerie : elles s'y dévoilent nues ou savamment déshabillées, elles y lèvent leurs amants dans les loges ou au cours des entractes. La beauté des lumières, l'élaboration d'un monde qui paraît vrai, le spectacle de l'imprévu, l'animalité qui se dégage du public, tout concourt à offrir aux belles de nuit un territoire qu'elles aiment et qu'elles maîtrisent. Maxime Du Camp, le chantre de la haine des prostituées ne s'y est pas trompé, qui déclare en 1864 : « Elle remplit le théâtre, non seulement dans les loges mais sur les planchers où elle paye pour se montrer comme sur une table de vente, au plus offrant et au dernier enchérisseur; elle a les façons provocantes de ceux qui ne craignent rien; elle force les caissiers à dévaliser leur caisse; elle sort dans des voitures à quatre chevaux... elle porte aux oreilles des diamants historiques et, lorsqu'elle demande l'inscription pour mettre en haut de l'escalier de son hôtel, on peut lui répondre : ainsi que la vertu, le vice a ses degrés *. »

Progressivement le rôle de la marchande à la toilette diminue au profit des nombreuses intermédiaires qui servent de pourvoyeuses, comme les marchandes de journaux, les bouquetières, les lingères, les couturières, les modistes, les blan-

* M. du Camp, *Paris, ses organes, ses fonctions et sa vie dans la seconde moitié du XIXe siècle*, 1864.

chisseuses, les gantières, les parfumeuses, les concierges, les sages-femmes. Au Second Empire apparaît une nouvelle catégorie : celle de la proxénète du grand monde. Elle se fait généralement passer pour une comtesse ou une baronne et elle recrute dans les salons. D'un certain âge, elle arbore des airs de douairière qui inspirent le respect. Trait d'union entre le besoin et le désir, elle n'hésite pas à se spécialiser dans l'adultère qui se commet à son domicile. Elle possède un appartement somptueux, un carnet d'adresses, un registre, où elle note l'identité de ses clients, et un album de photographies. « Là, à côté des artistes et des folles hétaïres qui sont inscrites sur le grand livre de la honte, comme les chevaux de course sur les tableaux du turf, pour le plus grand prix possible, on peut lire les noms de jeunes femmes mariées, ou de jeunes filles besogneuses qui, tout en faisant dans un demi-jour discret le bonheur d'un vieux Celadon, peuvent sous la plus grande discrétion et la plus sévère prudence se procurer ainsi une subvention pour leur toilette, et peut-être même... pour leur ménage *. »

Ainsi la Madame Tricon de Nana règne-t-elle sur un sérail de jeunes femmes et, pour faire ses affaires, se rend au domicile des intéressées avec son petit calepin à la main. Rapidité, efficacité, discrétion. Avec son allure de « comtesse qui court les avaries », elle va droit au but :

« J'ai quelqu'un pour vous aujourd'hui... Voulez-vous ?

– Oui. Combien ?

– Vingt louis.

– Et à quelle heure ?

– A trois heures...

– Alors, affaire entendue ?

* Flévy d'Urville, *op. cit.*

– Affaire entendue. »

Alors, quand elle ne vaque pas à ses petites affaires, la Tricon sort et s'amuse. Elle aussi est lancée dans le monde. Au grand prix de Paris, sur le champ de courses du bois de Boulogne, elle surgira assise sur son fiacre à côté du cocher. « Et, là-haut, redressant sa grande taille, avec sa figure noble aux grandes anglaises, elle dominait la foule, elle semblait régner sur son peuple de femmes. Toutes lui souriaient discrètement. Elle, supérieure, affectait de ne pas les connaître. Elle n'était pas là pour travailler, elle suivait les courses par plaisir, joueuse enragée, ayant la passion des chevaux *. »

LES AMANTS

Mais qu'est-ce qu'elles ont donc? se demandent, anxieuses, les bourgeoises qui constatent l'irruption, puis le règne des courtisanes au Bois, aux courses, dans les théâtres. Qu'est-ce qu'elles ont de plus que nous? Elles ont beaucoup plus que vous, répondent les hommes. Elles ont la beauté piquante, l'art de la repartie, le regard troublant, le sens de la dépense, le goût de la nuit, la chair palpitante, le rire facile, la science de l'abandon. Avec elles les hommes ont envie de passer leur nuit. Pas seulement pour faire l'amour, mais aussi pour jouir de ces interminables dîners si gais, de ces conversations débridées, pour profiter de l'atmosphère qui s'en dégage, faite de joie, de turbulence, de gratuité. Les hommes réputés les plus chics ne s'y trompent pas : le prince d'Orange soupe après le bal de l'Opéra avec Cora Pearl, Léonide Leblanc invite à sa table Arsène Houssaye, Sainte-Beuve, Gramont-Cade-

* E. Zola, *Nana, op. cit.*

rousse et Roqueplan. Selon le baron de Goudremark, elles possèdent toutes une science de l'amour élevée à la hauteur d'un grand art et d'un culte surhumain. Ceux qui les connaissent ne peuvent y penser sans frissonner. Elles sont le dernier mot de la luxure. Elles se promènent avec un carnet où elles inscrivent le nom du prochain postulant, la date, la somme. Mais elles aiment tant l'idée de l'amour qu'elles peuvent s'offrir de temps à autre un beau jeune homme pour le plaisir des sens. Alexandre Dumas fils appelle cela des caprices. Les courtisanes apparaissent comme des prêtresses de Vénus faites non « pour les plaisirs vulgaires » mais pour les amants convaincus de la volupté. Ces étoiles merveilleuses, ces femmes de feu virtuoses de la chair, connaissent, par leurs charmes et leur adresse, « la puissance de la jupe » comme le dit un spécialiste *.

Elles affichent la force de leur sexe et vivent ce pouvoir comme une jouissance, un élargissement d'elles-mêmes. Tout semble truqué dans leur manège, et c'est bien cela qui excite les hommes. Elles font semblant de séduire alors qu'elles sont à vendre, elles se font payer tout en restant indépendantes, mais la fortune la plus colossale ne pourra jamais les assouvir. L'argent coule entre leurs mains. Il ne pourra ni les fixer ni les contenter et elles n'en auront jamais assez. Rebelles à l'homme dont elles ont besoin comme source financière, elles restent insaisissables. Les clients d'Esther, dite la Torpille, le savent bien. Au dernier bal de l'Opéra, en 1824, l'un d'eux dit aux autres « Vous avez tous été plus ou moins ses amants, nul de vous ne peut dire qu'elle a

* Cavailhon, « Courtisane platonique », *in Les Parisiennes fatales*, 1889.

été sa maîtresse ; elle peut toujours vous avoir, vous ne l'aurez jamais. »

La courtisane offre à l'amant l'inattendu, le déséquilibre. Régie par ses instincts, la femme peut s'offrir à qui elle veut, quand elle veut. Marguerite Gautier prévient charitablement son amoureux naïf et transi : « Il y a longtemps que je cherche un amant jeune, sans volonté, amoureux sans défiance, aimé sans droits. Je n'ai jamais pu en trouver un. Les hommes, au lieu d'être satisfaits qu'on leur accorde longtemps ce qu'ils eussent à peine espéré obtenir une fois, demandent à leur maîtresse compte du présent, du passé et de l'avenir même. A mesure qu'ils s'habituent à elle, ils veulent la dominer, ils deviennent d'autant plus exigeants qu'on leur donne tout ce qu'ils veulent. Si je me décide à prendre un nouvel amant maintenant, je veux qu'il ait trois qualités bien rares, qu'il soit confiant, soumis et discret *. » Nana, elle aussi, collectionne les amants. Elle a de l'argent plein les tiroirs, et des hommes pour toutes les heures du jour et de la nuit. Elle se livre aux banquiers, aux comtes, aux jeunes gens, aux amis et à la famille de ces messieurs ; mais si elle se donne à chacun, son corps n'appartient qu'à elle-même. En chaque excès, chaque dépense, elle conserve sa tranquillité d'âme et jamais ne se laisse déborder. D'ailleurs ce tourbillon incessant d'hommes, de nuits, de sexes, de baisers, profondément l'ennuie. Elle s'arrange donc, dans son emploi du temps, pour ne pas trop y penser et se retrouver face à elle-même.

La vie quotidienne de la courtisane est réglée, répétitive, pleine d'obligations et tout entière tournée vers la perfection de la représentation. Elle se lève généralement vers onze heures, déjeune, prend

* A. Dumas fils, *La Dame aux camélias*, *op.cit.*

un bain long, très long. Douceur et blancheur de sa chair entretenue par des laits, des crèmes, des parfums. Humidité odorante de la chambre qui communique avec la salle de bains d'où s'échappent des effluves capiteux. Table de toilette surchargée de flacons de cristal remplis de parfums rares. Arrive ensuite le coiffeur. Papotis, badinage. La bonne interrompt le tête-à-tête pour l'habillage, opération lente et compliquée. Chapeau à plumes, mantelet de satin, bottines à talon qui découvrent la cambrure du pied, bouche rougie, yeux noircis, nuage de poudre de riz, gorge palpitante savamment découverte, masque blanchi, elle peut sortir au Bois, se promener dans les jardins des Champs Elysées avant de se rendre au vernissage d'une exposition ou à une première de théâtre sur les boulevards où elle noue ses intrigues et lance ses invitations pour le dîner.

Dans l'hôtel particulier la bonne a tout préparé. Personnage omniprésent malgré son apparence falote, elle veille à la bonne marche et à la tenue de la maison et sert de conseillère, de confidente à la courtisane. Elle n'est ni jeune ni jolie. Elle est attifée des vêtements de l'ancienne garde-robe de sa maîtresse et n'attire pas le regard. D'elle, les hommes ne se méfient jamais. Ils ont tort. Lorsque la semaine n'a pas rendu, elle remonte le moral et donne son avis. Quand elle sert à table elle observe les dîneurs. Elle bassine le lit et sait venir déranger Madame quand le monsieur reste trop et qu'un client plus riche patiente dans le salon. A la fois mère, sœur, amie elle est aussi parasite, esclave et tyran. La courtisane la paie rarement mais lui emprunte, au contraire, de l'argent; la bonne a ainsi prise sur sa maîtresse; elle s'arrange d'autre part pour faire des bénéfices avec les fournisseurs. L'Eugénie de la Torpille et la Zoé de Nana en témoignent. Au moment du désastre final, quand la chute devient imminente, la bonne quitte le navire pour devenir elle-même entremetteuse ou maîtresse de bordel. Ainsi Zoé qui, au bon moment, organise son départ malgré le désespoir de Nana, pour diriger l'établissement de la Tricon. A la proposition qu'on lui fait d'entrer au service d'une autre grande cocotte elle répond : « Voyez-vous, il y a assez longtemps que je suis chez les autres, je veux que les autres soient chez moi. Et une férocité lui retroussait les lèvres, elle serait enfin " Madame ", elle tiendrait à ses pieds pour quelques louis, ces femmes dont elle rinçait les cuvettes depuis quinze ans. »

Même si les courtisanes sont souvent très entourées, elles sont seules dans la vie et le savent. Toutes ces femmes qui les bichonnent sont mûes par l'appât du gain ou par l'intérêt. La Dame aux camélias ne se fait guère d'illusions sur son amie Prudence : « Nous avons des amies, mais ce sont des amies comme Prudence, des femmes jadis entretenues qui ont encore des goûts de dépense que leur âge ne leur permet plus. Alors elles deviennent nos amies ou plutôt nos commensales. Leur amitié va jusqu'à la servitude, jamais jusqu'au désintéressement. Jamais elles ne vous donneront qu'un conseil lucratif. Peu leur importe que nous ayons dix amants de plus, pourvu qu'elles y gagnent des robes ou un bracelet, et qu'elles puissent de temps en temps se promener dans notre voiture et venir au spectacle dans notre loge. Elles ont nos bouquets de la veille et nous empruntent nos cachemires. Elles ne nous rendent jamais un service, si petit qu'il soit, sans se le faire payer le double de ce qu'il vaut. »

Rarement pourtant les courtisanes s'insurgent contre ce mélange de douceur et d'intéressement dans l'amitié. Leur vie est un perpétuel tourbillon. Elles ont besoin des autres. Etre entourées, accompagnées. Etre invitées, inviter. D'où l'importance du souper qui clôt chaque soirée. Souvent il commence tard, après la représentation théâtrale. Blanche d'Antigny donne ses réceptions après sa prestation dans une opérette d'Offenbach intitulée *Château à Toto*. Dans son hôtel particulier du quartier de l'Étoile, une double haie de laquais attend les invités le long du vestibule décoré de tapisseries. La salle à manger, immense, est décorée de mosaïques florentines. Sur la table, de la vaisselle d'argent, des coupes à champagne en cristal, des candélabres à vingt branches. Des comédiennes, des artistes, des hommes du monde – le prince Napoléon fou de Blanche lui donna les clefs du Palais-Royal —, des horizontales avalent des terrines de foie gras, du paon en pâté et des chauds-froids de pluvier accompagnés de château-yquem. Viennent ensuite les ortolans au champagne couchés sur une purée de truffes, les poulardes et les salades puis les gâteries et les douceurs. On raconte * qu'un soir le majordome apporta sur la table un pot de chambre en or rempli de punch offert par l'un de ses admirateurs et que Blanche en y portant ses lèvres en offrit à l'assistance d'abord médusée puis séduite. Cora Pearl, sa rivale, aurait disparu un soir dans sa chambre après les filets de perdreau à la Penthièvre pour revenir quelques minutes plus tard couchée entièrement nue sur un plat d'argent porté par quatre valets sur un lit de violettes de Parme. Nana, pour fêter son nouveau lançage, décide de donner un dîner chez elle. Elle n'a encore ni personnel ni matériel. Elle loue donc le tout chez Brebant, expédie sur scène ses répliques pour pouvoir accueillir dignement ses invités : cocottes, hommes du monde, gens de théâtre. Purée d'asperges, consommé à la Deslignac, crépinettes de lapereaux aux truffes, gnocchis au parmesan, carpes du Rhin à la Cham-

* C. Blanchard, *op. cit.*

bord, selle de chevreuil à l'anglaise, poulardes à la maréchale, filets de soles ravigote, escalopes de foie gras, meursault, chambertin, léoville. Malgré l'abondance et la beauté des plats, les convives boivent mais ne mangent guère. Ils ne sont pas là pour ça. Comme le dit judicieusement un invité, « ces soupers-là, pour être drôles, ne devaient pas être propres. Autrement, si on le faisait à la vertu, au bon genre, autant manger dans le monde, où l'on ne s'ennuyait pas davantage. »

A la fin du dîner, le champagne, la fatigue et la chaleur aidant, les hommes et les femmes se rapprochent. Corsage des femmes contre bouche des hommes, chairs qui se touchent, lèvres humides, yeux luisants. Dans le salon on se met au piano, on joue aux cartes. Au petit matin, on va boire du lait chaud tiré des chèvres du bois de Boulogne. Le cérémonial est toujours le même. Changent, selon le degré de lancement de la courtisane, la qualité du menu et la rapidité d'exécution des messieurs. Ainsi chez Titine * les hommes débitent-ils des sornettes lubriques avant le repas. Au moment du café servi dans le salon, ils lutinent les convives qu'ils ont choisi d'emmener. Les soirées sont quelquefois longues, ennuyeuses, difficiles à supporter par les intéressées qui doivent, dans le cadre de leurs obligations, tout de même sacrifier au rite. Marthe, au bout de quelques jours, ne peut plus accepter la présence des amis de son amant dans son salon, la bêtise de leur conversation, la vulgarité de leurs gestes. Amertume de l'aube, fatigue corporelle, énervement des sens, déceptions et pour tout dire dégoût : « Elle garda le silence, attendant cette gracieuseté banale, cette amabilité de rencontre que tout être civil aussi abêti qu'il soit témoigne, la première nuit au moins, à la femme qu'il est censé

* *Cf.* J.K. Huysmans, *Marthe*, *op. cit.*

vaincre. Elle eût pu attendre longtemps! Quand il eut achevé son cigare et que, battant du pied, il en eût écrasé la cendre sur le tapis, il murmura satisfait :

" Je parie que tu ne devines pas ce que contient cette valise ? Non ? Oh ! C'est-il drôle les femmes, ça ne devine jamais! Eh bien! Mais c'est un vêtement de nuit. " Et il étala avec une monstrueuse joie une chemisette en foulard de surah, agrémentée de rubans couleur feu *. »

Il est soit trop vulgaire, soit trop vieux, soit trop libidineux, soit trop efféminé, soit trop amoureux! Les relations entre amants-clients et courtisanes sont compliquées. L'amant veut la possession et l'exhibition de cette possession. Il veut bien engloutir sa fortune entre les cuisses neigeuses de la femme mais il désire que cela se voie, que cela se sache : il lui demande donc de l'excentricité dans ses toilettes, des caprices dans ses réceptions pour alimenter la rumeur et sa présence, de préférence tapageuse, sur les champs de courses et dans les salles de jeu. Rares sont les amants jeunes, beaux, fringants. Ils sont souvent vieux et moches et, tels les fauves, attirés par la chair fraîche.

Avec les vieux elles savent y faire. Utilisant à bon escient les bonnes manières, elles prennent leur temps pour se livrer. Le jeu est inégal. Elles savent qu'ils vont « tomber ». « Nana montrait ses dents blanches. Une fois encore, Steiner était pris, et si rudement que, près de Nana, il restait comme assommé, mangeant sans faim, la lèvre pendante, la face marbrée de taches. Elle n'avait qu'à dire un chiffre. Pourtant elle ne se pressait pas, jouant avec lui, soufflant des rires dans son oreille velue, s'amu-

* J.K. Huysmans, *Marthe*, *op. cit.*

sant des frissons qui passaient sur son épaisse figure. »

Leur clientèle se compose de banquiers, d'hommes d'affaires, d'aristocrates, de politiciens, d'industriels. Les plus intéressants sont les vieux qui vivent avec leurs femmes, car ils rentrent chez eux au milieu de la nuit, ou les jeunes de moins de trente ans, car ils sont fougueux et se laissent ruiner avec délice. L'entre-deux est très dangereux. Quelquefois l'homme oublie la réalité du contrat et devient follement amoureux. La femme fait alors durer le supplice. Esther avoue ainsi à madame du Val-Noble : « " J'en fais ce que je veux, il n'a pas encore ça ! " Elle mit un de ses ongles tout ganté sous la plus jolie de ses dents, et fit ce geste assez connu dont la signification énergique veut dire : " rien du tout ! ".

– Tu le tiens.

– Ma chère, il n'a encore payé que mes dettes *. »

Nana fait de même avec le comte Mussat. Elle l'a humilié en lui montrant qu'elle couchait avec d'autres hommes ; elle lui a appris que sa femme avait une liaison ; elle l'a renvoyé pour dormir avec son amie Satin ; elle l'a injurié, sali dans son honneur et sa dignité allant jusqu'à le faire aboyer à quatre pattes ; elle lui a, pour finir, soutiré toute sa fortune, mais il revient toujours : « Ce qui ennuyait la jeune femme, c'était de l'avoir sans cesse dans ses jupes... Les jours où, de colère, elle oubliait ses intérêts, elle jurait de lui faire une telle saleté, qu'il ne pourrait remettre les pieds chez elle. Mais comme elle criait en se tapant sur les cuisses, elle aurait eu beau lui cracher à la figure, il serait resté, en disant merci... Aussi Nana répétait le mot pour clore toutes les querelles : " Tiens ! Tu me dégoûtes ! ". »

* H. de Balzac, *op.cit.*

Dégoût aussi de Marthe * pour son financier rougeaud et joufflu au caleçon de soie, qui lui fait l'amour sans grâce et sans mot doux et ne sait que payer. Payer, payer, payer. L'argent, elles l'exigent, mais elles n'en ont que faire. Elles veulent des sentiments, des attentions, des parades d'amour. Quand la relation se dénude au point de ne plus être que sexe contre argent, elles abandonnent et préfèrent l'étourdissement dans la multiplicité des relations. « Une foule de jeunes gens vint la voir, se proposant de remplacer leur ami dans ses bonnes grâces ; elle préféra les avoir tous que d'en endurer un seul, et elle recommença son ancienne vie, ne se sentant aucune affection, aucune tendresse pour tous ces gens qui faisaient la chaîne le long de sa couche, comme si elle eût été brûlée dans l'incendie d'amour **. »

L'ARGENT

L'amour, l'amour fou, elles le trouvent bien souvent avec une amante ou un jeune amant qui quelquefois causent leur fin. Car beaucoup terminent leur vie dans la misère, la douleur, la maladie comme s'il y avait, dans leur mort, une manière d'expiation. Les courtisanes ne possèdent rien, si ce n'est la soif de dépenser. Entre un brusque lançage et une chute brutale, la richesse, obtenue par hasard, est éphémère. Les bourgeois capitalisent et investissent, les courtisanes sont leur gouffre. Le monde de la courtisanerie est celui du jeu, du risque permanent, de l'effacement incessant. « Sous cette surface chatoyante, dorée par la jeunesse, la beauté, la

* J.K. Huysmans, *Marthe*, *op. cit.*
** J.K. Huysmans, *Marthe*, *op.cit.*

fortune, sous ce monde de dentelles, de rires, de fêtes, d'amour rampent des drames sinistres et se préparent de sombres expiations, des scandales, des hommes d'affaires, des ruines, des familles déshonorées, des procès, des enfants séparés de leur mère et qui sont forcés de les oublier de bonne heure pour ne pas les maudire plus tard *. »

Rares sont les élues qui arrivent à surgir de l'anonymat et de la pauvreté. Sur quatre-vingt mille filles à Paris dans les années 1870 une quarantaine seulement est lancée. Les autres courent la capitale affamées, épuisées, traînant à la sortie des théâtres quand elles ne se résolvent pas à faire le trottoir ou à accepter les services d'une tenancière qui leur loue un garni dans des quartiers spécialisés comme celui de la rue Breda. « Dans cette fille râpée et souillon, on chercherait à reconnaître la pimpante cocotte de la veille; on ne la retrouverait pas dans cette femme qui traverse rapidement la rue, chaussée de sandales éculées, coiffée d'un chignon presque détaché de la nuque, le teint blâfard et les mains rougies **... »

Celle-là est bien souvent happée par les réseaux de prostitution et enfermée dans des maisons d'abattage. D'autres abandonnent et retournent à leur lieu d'origine, à leur métier précédent. Certaines essaient d'alterner le plus longtemps possible les phases de richesse et de misère, torturées par la peur de la police et abruties par l'alcool. Elles deviennent des proies rêvées pour les maîtresses des maisons louches qui les utilisent comme rabatteuses. Ainsi Jane B. Elle avait fait ses armes au promenoir de l'Olympia, dans les années 1860, harnachée et froufroutante, avant de s'établir rue d'Offemont où elle tenait un salon fréquenté par les

* A. Dumas fils, *Le Demi-monde.*
** Flévy d'Urville, *op. cit.*

fêtards parisiens et de riches étrangers. Longtemps appareilleuse en vogue, on disait qu'elle avait des dossiers sur des hommes politiques et on la redoutait. Elle se ruina une première fois pour un amant de cœur qui partit les poches pleines. Après de longues années de silence elle se réinstalla rue Mérimée. Un amant de cœur de nouveau la mit sur la paille. Elle vécut sous les ponts et dans les asiles de nuit avant d'être engagée comme rabatteuse pour un bordel miteux rue de la Lune.

Les histoires fleurissent, les rumeurs se colportent. On peut toujours réinventer son passé. Dans le Montmartre des années 1910, Francis Carco rencontrait tous les soirs au comptoir de la Maison Rouge une étrange créature aux cheveux teints, au visage plâtré, coiffée d'un vieux chapeau, portant une jupe de velours crasseuse et un corsage de dentelle fripée. Mendiant des pièces pour s'imbiber de rhum, elle était protégée par le garçon de l'établissement qui la montait ivre morte dans une salle du premier où elle passait ses nuits. « Elle avait hérité d'on ne sait qui un vague morceau de chinchilla et plusieurs plumes d'autruche et s'en était confectionné une coiffure d'Indien qui partait du chapeau et tombait sur l'épaule. Cet ornement barbare lui conférait l'aspect de ces pauvresses qui portent sur elles tout ce qu'elles possèdent, noué par des bouts de ficelle, et qui, tant par détresse que par sottise, prennent des allures de célébrités et répandent autour d'elles une tristesse sans nom *. »

Cette femme s'appelait Bijou. D'elle, on disait qu'elle avait été autrefois lancée et qu'elle avait possédé voiture, hôtel, domestiques. Elle finit sa vie en chantant aux terrasses des cafés et en tirant les cartes dans un établissement de la rue de Douai. Cora

* F. Carco, *Mémoires d'une autre vie.*

Pearl, elle, quitta son hôtel particulier de la rue Bassano pour terminer ses jours dans un entresol humide, abandonnée de tous sauf d'Eugénie, une ancienne cocotte qui, tous les soirs, allait tirer les sonnettes des anciens admirateurs de Cora pour mendier quelques louis. Léonide Leblanc fut expulsée de l'hôtel du boulevard Malesherbes et se terra dans un minuscule appartement pauvrement meublé où elle fut emportée par le cancer. Nana mourut de la petite vérole dans une chambre d'hôtel à Paris. Puante, défigurée, masse grise allongée, elle n'est plus qu'un tas de chair, une bouillie informe, une charogne pour le Malin. Le Bien peut enfin triompher. La morale est sauve. Elle paye enfin de sa vie même la corruption qu'elle a engendrée. Elle qui salissait tout, qui détruisait tout, devient elle-même objet de salissure, de moisissure, de vomissure. « Vénus se décomposait. Il semblait que le virus pris par elle dans les ruisseaux, sur les charognes tolérées, ce ferment dont elle avait empoisonné un peuple, venait de lui remonter au visage et l'avait pourrie. » Dehors la guerre, dedans la mort. Dans la rue l'émeute, dans la chambre le silence. La mort de la courtisane n'arrive pas à effacer le souvenir du vice et le désordre de la perversion sentimentale, sexuelle et sociale qu'elle a provoqués. Mort-moisissure car la liberté dont elle disposait fait d'elle, après sa disparition, un agent destructeur dont le poison se glisse à travers toutes les fentes des murailles de la société.

LES PARTIES

Dès les années 1870 le phénomène de la femme entretenue va considérablement diminuer. Changements de mœurs, transformation du capitalisme. Les fortunes des bâtisseurs ont beau être considérables, les hommes du monde hésitent à se faire plumer par une cocotte qui a besoin d'un train de vie de plus en plus fastueux. La défaite de 1871 a relégué les courtisanes dans une autre catégorie sociale. On leur demande d'être plus discrètes, moins insolentes et de ne pas usurper le rôle de la bourgeoise. Certes, on continue à venir les voir et à leur demander du plaisir, mais on le fait entre soi dans des maisons à parties. Les maîtresses du goût et de la mode, les « retentissantes » scandaleuses sont devenues des femmes vénales bien élevées, des femmes, comme disent les frères Goncourt *, « nées en province, apportant un côté domestique, et toutes prêtes à dire " Monsieur le Comte " à l'homme avec lequel elles couchent ». La courtisane n'est plus, elle s'est fondue dans l'armée de la prostitution. Après une visite chez la Barrucci, Jules de Goncourt note amèrement dans son journal, le 8 novembre 1863 : « Voilà quelques hautes courtisanes qu'il m'est donné de connaître. Aucune ne sort pour moi de la classe des prostituées. Elle ne vous donne pas autre chose qu'une femme de bordel. Qu'elles en sortent ou qu'elles n'en sortent pas, il me semble qu'elles le sentent toujours. Je crois qu'il n'y a plus de courtisane et que tout ce qui en reste sont des filles. »

Des filles peut-être, mais des filles qui, pour la plupart, restent insoumises et tentent de s'adapter aux nouvelles demandes amoureuses et aux nouvelles conduites érotiques. Ainsi nombre de courtisanes se sont transformées en « femmes à parties ». Utilisant leur culture et les grâces de leur intelligence, elles tiennent maison chez elles uniquement sur présentation. Elles donnent des dîners et des soirées et sont recherchées dans certaines réunions où ce qu'on nomme pudiquement « l'affranchissement

* *Journal, op.cit.*, 5 décembre 1891.

des convenances ordinaires du monde » attire des hommes en quête de sensations. Les nuits, selon certains observateurs moralistes, peuvent être longues et les soirées dégénérer en orgies où ces Messalines rassasient leurs sens dans une débauche effrénée... Ces parties se font aussi souvent à la campagne ou dans des endroits retirés et l'on peut y jouer des sommes considérables. Le désir des hommes est attisé par le choix librement consenti des convives qui ne sont dépourvues ni d'esprit, ni d'instruction, ni de charme...

Dans les milieux de la moyenne et de la petite bourgeoisie, si l'on n'a pas les moyens de s'offrir les frissons des maisons à parties, on se débrouille pour entretenir une femme qui joue le rôle de maîtresse. Moyennant le paiement soit du loyer soit des toilettes soit des sorties, ces hommes visitent régulièrement ces dames qui vivent leur union selon le modèle bourgeois classique. Ces femmes sont issues très souvent du milieu ouvrier. Quelquefois le monsieur qui paye entretient le couple marié et ces ménages à trois semblent heureux et pacifiques! Quand l'amant n'a pas assez d'argent, il peut s'associer à d'autres messieurs désireux de partager sa dulcinée. Ce genre de pratique existe aussi bien à Paris qu'en province. Ainsi, à Saumur dans les années 1860, madame R. est entretenue par plusieurs officiers du Cadre noir. A Cholet, en 1861, une jeune femme déclare vivre de ses différents amants payeurs. En 1893, au Mans, une fille avoue que son amant ne lui donnant que 20 francs par semaine elle complète ses revenus avec des irréguliers. Une autre a deux amants : un gendarme qui lui donne 30 francs par mois et un coiffeur qui prend en charge son loyer *.

Plus désintéressée semble être la grisette, per-

* *Cf.* J. Terneau, *op. cit.*

sonnage sympathique et chaleureux, qui hante les feuilletons mais qui n'est pas sorti uniquement de l'imagination des romanciers. Cette jeune ouvrière se reconnaît, paraît-il, à son air papillotant, aux rubans de son bonnet, à un pli de son châle. Elle s'ingénie à plaire à peu de frais car elle dispose de peu d'argent. Elle tombe tout d'abord dans les bras d'un jeune bourgeois ou petit bourgeois qui lui permet d'arrondir ses fins de mois mais pour lequel, bien souvent, elle se met vite à éprouver des sentiments... amoureux. Ce type de prostitution déguisée inquiète beaucoup les moralistes qui, s'ils conviennent de l'amabilité et du côté fleur bleue de la jeune femme, se préoccupent des effets pervers de telles unions. « La grisette énerve l'âme, relâche le nœud social, fane à l'avance la fleur d'hymen, affaiblit le penchant aux unions chastes et réelles et crée une classe d'individus blasés sur les jouissances épurées au creuset des mœurs de la vertu *. »

Mais la grisette va à son tour disparaître pour rejoindre le rang des insoumises. Les images du vice deviennent si floues que l'idée même de vertu vacille. Où sont les prostituées ? Minant l'ensemble du corps social, elles introduisent la subversion au cœur même du modèle conjugal, rendant jalouses les épouses. Les courtisanes se conduisent en bonnes maîtresses de maison usurpant un rôle et une fonction chargés symboliquement. Elles sèment le désordre, profèrent des mensonges et pervertissent l'idée même d'amour. De ce brouillage des codes certains médecins se plaignent et les moralistes réclament une augmentation de la répression. « Pourquoi tant ménager cette classe de femmes

* F.F.A. Beraud, *Les filles publiques de Paris et la police qui les régit*, 1839.

ostensiblement entretenues dont la porte, presque ouverte à tout venant, a pour ainsi dire une clef en circulation ? Pourquoi toutes ces filles de joie qui ne sont, après tout, que la bohème plus ou moins fringante de la prostitution, ont-elles le droit de ruiner impunément, non seulement la société, mais les mœurs et la fortune de la jeunesse dorée de notre temps * ? »

Tout au long du XIXe siècle et jusque dans les années 1920 l'armée des moralistes ne cesse de se préoccuper de la prostitution en écrivant de longs traités, en saisissant l'opinion publique, en menant des enquêtes, en appelant aux autorités judiciaires et politiques pour que le mal ne grandisse pas et que les mœurs ne se relâchent pas : à cette campagne d'assainissement participent activement, de concert, les médecins principalement, des idéologues physiologistes et certains écrivains.

Pas de pitié donc pour ces femmes qui font profession d'aimer. La police est sommée de les réprimer et les moralistes veulent les emprisonner. Le bataillon sauvagement libre de Madeleines échevelées qui parcourent en tout sens les villes les obsèdent. Comment enrayer ce mal si diffus ? La prostitution étant un mal nécessaire – hélas on ne refait pas le monde avec de bonnes paroles, admettent-ils amèrement – il reste la solution de l'enfermement. Les bourgeoises à la maison, les prostituées au bordel. Les deux formes de vénalité de l'amour vont coexister pendant un siècle.

* Dr Gorin, cité par C.T. Lecour, *La Prostitution à Paris et à Londres, 1789-1870*, 1870.

CHAPITRE II

L'AMOUR AU BORDEL

Un gros numéro, une lueur rouge, des fenêtres allumées. La rue, la nuit dans un quartier mal famé. L'homme marche, hésite, presse le pas. La raccrocheuse le prend par le bras. De la maison sortent des cris joyeux, des bouffées de musique, des effluves d'alcool. L'homme a le tournis. La raccrocheuse ouvre la porte. Dans l'entrée la sous-maîtresse attend le client. C'est fini. L'homme est avalé par la machinerie sexuelle fantasmatique et sociale du bordel. Au milieu de la nuit ou au petit matin il en sortira étourdi, meurtri, amer ou satisfait. Des maisons richissimes proches du Palais Royal en passant par les bouges infects de la rue Monjol, du bordel cossu de Château-Gontier en passant par le bar à matelots de Marseille, sans oublier la maison qui tient lieu de café, tard dans la nuit, au bout du village, où des dames déshabillées servent du punch dans un salon orné de tapisseries graveleuses, comment, au XIXe siècle, échapper au bordel ? Il se tient là, magnifique et obscène, redouté mais autorisé puisque soumis à la réglementation de la police. Il allume des incendies au milieu des villes, régule les tensions de certains de ses habitants, sert de pôle d'attraction et de lieu de sociabilité pour toute une tranche de la population : hommes mariés, soldats, jeunes gens, célibataires, jeunes ou vieux.

Le bordel est une maison, un espace régi domestiquement par une maîtresse, secondée par une sous-maîtresse, elle-même aidée par des bonnes. A l'intérieur vivent des pensionnaires qui ont accepté, bon gré mal gré, de se plier au règlement. Le bordel est un espace clos, rassurant pour la police, angoissant pour les filles, pratique pour les clients. Le bordel est un espace surveillé : les médecins viennent y faire des visites sanitaires, la police dispose d'un registre où l'on consigne l'identité des pensionnaires, les filles sont soumises à un horaire régulier et à un rythme de travail harassant et les clients eux-mêmes sont examinés à leur arrivée par la sous-maîtresse qui juge discrètement leur forme physique et s'enquiert de l'état de leurs finances.

Le bordel, selon ses commentateurs et ses utilisateurs, est à la fois un égout séminal, une fabrique à regrets, un dépotoir à perversion, un vaisseau à caresses, un refuge de l'innocence *, une institution charitable philanthropique irremplaçable **, un enfer des vices, un réservoir de passions funestes, un collecteur et un conservateur de maladies ***. Le bordel, lieu de luxure, de beauté, de recueillement et de palpitations existe. Pierre Mac Orlan l'a magnifiquement décrit **** en 1924 :

> « Vers cette lanterne rouge et ce numéro
> [indiscret
> Dans la nuit des bas-quartiers où les garçons

* Selon Simenon.
** Selon Romi
*** Selon Fiaux.
**** Dans *L'Inflation sentimentale.*

[bouchers règnent en dandys;
[où les adolescents socialistes
Parlent couramment d'un type groggy
Dans un ring immonde, au milieu des suaves
[ordures.
Il faut bien, si notre destinée doit s'accomplir
Selon le rythme intelligent que nos livres lui
[imposent,
Que nous cherchions des lumières autres que
[celles du
Soleil et de la Lune
Des lumières nordiques pour appartement
[bien clos.
Là, entre les filles d'un agréable commerce
[intellectuel
A qui sait éviter les jeux de la luxure
[désespérée,
Nous irons fumer ce lourd tabac anglais
Qui met sur la langue le poids des sept péchés
[capitaux.
Sur des coussins brodés par des mains
[d'anciennes fillettes,
Le pantalon relevé sur des chaussettes de soie,
Nous écouterons, avec un plaisir
[renouvelable, le banjo
De passage,
Et le violon de son compère peupler la salle
[rouge
D'une " Maison " comme il n'en est pas :
Une maison de plaisir de pure imagination
Celle que chacun de nous possède dans sa tête
[fragile
Et dont on verra bien, un jour, les résultats
[terrifiants »

Il se nomme les Glaces, le Palmier, Cythère, le Printemps, l'Eden, les Violettes, la Villa des Roses, l'Étoile, le Chabanais, le Cœur, le Cristal Palace, Aux Belles poules. On l'appelle bordel, lupanar, bouge, maison close, maison de société, maison de tolérance. Des publications circulant sous le manteau les répertorient. En 1892 un certain Paggiole décida de publier un bottin de soixante-dix pages sous le titre *Annuaire Reirum indicateur des adresses des maisons de société et dites de tolérance de France, Algérie et Tunisie et des principales villes de Suisse, Belgique, Hollande, Italie et Espagne au prix de 5,50 francs.* Au verso un avis engageait des personnes dont les noms ne figuraient pas « ou dont les noms et les adresses ne sont pas rigoureusement exacts » à bien vouloir envoyer leurs rectifications. Les villes de France y étaient répertoriées par ordre alphabétique avec, curieusement, leur population en tête, le nom de la maîtresse et l'adresse du bordel. Très vite retiré de la vente, il fut remplacé par le guide Gervais puis par le guide Rose, lui aussi interdit, mais cependant abondamment utilisé : « Sous une présentation pratique et soignée, nous avons cherché à réunir dans cet indicateur, que nous considérons comme votre annuaire, tous les renseignements pouvant être utiles pour l'exploitation de vos établissements. »

LES RÈGLEMENTS DE LA MAISON CLOSE

Il n'est pas si facile de trouver une maison close dans une ville. Rien, en effet, ne doit la signaler au regard; l'intérieur doit pourtant être éclairé : « Les escaliers, les corridors et les vestibules doivent être constamment éclairés depuis la chute du jour jusqu'au matin * ». Les maisons sont soumises à la réglementation de la mairie, qui date,

* Réglement de la Ville de Laval, Jacques Terneau, *op. cit.*

rappelons-le, pour Paris, du Consulat. Elles sont appelées maisons de tolérance car elles ne peuvent exister qu'en vertu d'une tolérance du préfet de police. Les démarches sont longues et compliquées : avant l'ouverture le préfet de police exige la justification écrite du consentement du mari de la postulante – quand elle est mariée – et une autorisation écrite du propriétaire foncier. Le préfet procède ensuite à une enquête sur la situation de l'immeuble, ses conditions de salubrité, ses antécédents, et il se renseigne aussi sur la conduite de la dame. L'octroi de la tolérance n'est bien souvent que la récompense d'une vie de prostituée. Comme le fait finement remarquer L. Fiaux, « pour savamment trafiquer le corps des autres, il faut avoir fait commerce du sien ». La meilleure tenancière est celle qui ne s'improvise pas. L'idéal est donc pour la préfecture de police la fille qui succède à sa mère, la nièce à sa tante, la petite-fille à sa grand-mère. Mieux vaut avoir dépassé la trentaine car les feux de la passion sont assouvis. Quand l'autorisation n'est pas donnée, la femme tente de faire plier la police. Ainsi la veuve Nandy, le 15 juin 1841 *, qui « prend la respectueuse confiance d'exposer très humblement à son excellence que, lorsqu'elle eut le malheur de perdre son mari, elle restait avec plusieurs enfants en bas âge sans fortune, sans état et que, pour se soustraire à la misère qui la menaçait, elle établit à Lille rue de la Hallalière une maison de plaisir, forcée de quitter cette maison, elle vient d'en lancer une rue du Dragon sans penser qu'elle devait rencontré (sic) le moindre obstacle à ses projets elle a vérifié le fruit de trois années d'économie pour faire bail et s'en faire arranger convenablement : mais voici que la police lui défend d'avoir cette maison pour l'usage auquel elle la destine et la met dans la

* Archives de la préfecture de police.

position la plus critique l'exposant à perdre toutes les avances qu'elle a faites et de se voir réduite à la mendicité elle et ses trop malheureux enfants ».

En 1823 souffla à Paris un fort courant d'opinion contre les maisons. Le préfet de police, Delavaux, adressa au commissaire cette circulaire le 14 juin : « L'établissement de maisons de prostitution devant naturellement déplaire à tout homme qui s'intéresse à la morale publique, je ne m'étonne point que messieurs les commissaires de police s'opposent de tout leur pouvoir à l'établissement de ces maisons dans leurs différents quartiers. Leur réponse presque toujours défavorable prouve, d'une manière qui leur est honorable, la répugnance qu'ils éprouvent à laisser s'élever dans le voisinage les asiles ouverts au libertinage et à la corruption... Toutefois la prostitution est considérée comme un fait qu'il n'est pas au pouvoir de l'autorité d'anéantir, et l'objet des règlements n'est autre que de lui ôter ses abus, ses dangers, ses scandales. La police n'autorise pas la prostitution, elle la surveille et se donne tous les moyens possibles de la rendre efficace *. »

Une série de lois est donc édictée. L'article 2 de la loi de 1829 stipule que les filles publiques ne pourront se livrer à la prostitution que dans les maisons de tolérance. L'article 4 précise qu'elles ne pourront quitter une maison pour aller dans une autre. Douze ans plus tard, le préfet Delessert leur interdira de se mettre aux fenêtres et aux portes devant les maisons.

La maison ne doit pas se situer à proximité d'un temple, d'une école, d'un collège, d'un pensionnat, d'un palais ou... de la résidence du chef de l'État. La tolérance est définitivement constatée par la déli-

* Archives nationales.

vrance du fameux livre-carnet où sont enregistrées les filles.

Faut-il concentrer les maisons ? L'opinion y est souvent favorable, croyant canaliser le vice en l'enfermant dans un ghetto. On peut constater une évolution lente mais inexorable : les maisons dans les villes sont, au début de la monarchie de Juillet, éparses puis, progressivement avec la restructuration urbaine, elles se regroupent dans des quartiers réservés. A Paris des pétitions émanant de citoyens demanderont au gouvernement de transformer le Palais-Royal en vitrine du vice – ce qu'il était au siècle précédent – pour empêcher l'ouverture de la moindre maison dans un autre quartier de Paris... Un autre plan élaboré par un parisien vertueusement obsessionnel prévoyait trois immenses endroits, sorte de phalanstères prostitutionnels, conçus autour d'un jardin, mais sans porte ni fenêtre, où les filles, gardées par des brigades, vivraient comme des recluses et où les hommes, seuls, pourraient circuler... Toujours surveiller pour essayer de punir.

Les agents du deuxième bureau de la première division peuvent, à tout moment, procéder à la fermeture temporaire d'une maison. Les lettres anonymes pleuvent au ministère de l'Intérieur. Celle-ci, datée du 15 janvier 1844, y dénonce les débauches qui se commettent au 52 rue de Cléry *. Une enquête est rondement menée et, dans les archives, j'ai pu en lire les résultats : « C'est en effet une maison de tolérance dont j'ai autorisé l'ouverture le 21 janvier 1843 et les surveillances et vérifications que j'ai prescrites n'ont amené la constatation ni la connaissance d'aucun fait de la nature de ceux qu'on signalait et cette maison a toujours été convenablement tenue. Quoi qu'il en soit, je la ferai surveiller avec soin et si j'étais informé de quelque fait

* Préfecture de police, Archives nationales.

qui fût de nature à être communiqué à votre Excellence, je m'empresserais de vous le faire connaître. »

La présence de deux filles est nécessaire pour qu'il y ait maison de tolérance. Le numéro doit être le seul signe extérieur des activités de la maison et la hauteur de cette enseigne lumineuse ne doit pas excéder soixante centimètres. Pour que la maison soit « convenablement tenue » aux yeux de la police, les maîtresses ne doivent recevoir ni mineurs, ni élèves en uniforme. Les militaires en tenue doivent être munis d'une autorisation en règle! Sur le registre doivent être notées toutes les allées et venues des pensionnaires. Les maîtresses étant responsables de tout scandale qui pourrait se produire pouvant entraîner la fermeture provisoire ou définitive de la maison, elles sont tenues de signaler à la préfecture tout incident ou tout comportement étrange et doivent amener immédiatement au dispensaire toute fille présentant des signes de maladie vénérienne.

Les obligations sont rarement toutes remplies et les commissaires de police apparaissent parfois peu soucieux de les faire respecter. Les rapports police-maître et maîtresse de bordel sont fréquents et peuvent être excellents. La corruption de la brigade des mœurs, qu'une presse vertueuse monte en épingle à la première occasion, existe bel et bien ; les pots-de-vin et les petites douceurs des maîtresses de maison envers les policiers arrangent bien des choses. Tous les commissaires de police ne ressemblent pas pour autant à celui du Jura dénoncé par la *Revue blanche* en 1900, qui avait sa chambre dans le bordel qu'il était censé surveiller! En témoigne la supplique écrite par ces trois maîtresses de maison de Mâcon qui n'ayant pas su séduire leur commissaire se regroupent pour envoyer cette lettre :

« Mâcon, 18 août 1843.

Les soussignées veuves Lassard, Aline Delare et Jeanne Doucou femme Dubois, logeuses domiciliées à Mâcon, ont l'honneur de vous exposer qu'elles tiennent depuis longtemps avec la permission de la police des maisons comme il en existe dans toutes les villes où il y a constamment garnison; qu'elles ont maintenu toujours la plus sévère discipline dans leurs établissements et que jamais il ne s'est élevé de rixes ni passer de scène qui puissent éveiller l'attention du public et que l'ordre n'a jamais été troublé grâce à la surveillance exacte qu'elles ont toujours exercée sur les personnes qui fréquentent les maisons : que pour une raison qu'elles ne peuvent comprendre, on prétend les faire déloger du quartier qu'elles occupent sans leur assigner aucun autre endroit pour se retirer.

Très humblement demandent l'autorisation d'exercer leur profession là où elles sont établies sans pouvoir être expulsées; que si le quartier qu'elles occupent doit, pour des motifs valables, être évacué par elles, les suppliantes demandent qu'il vous plaise d'ordonner qu'il leur soit assigné un autre quartier de la ville où elles pourront se placer avec d'autres personnes qui leur sont soumises et qu'elles ont coutume de loger et ce sera justice d'autant plus qu'elles payent des droits très forts pour ce genre d'industrie *. »

Ouvrir un bordel est une tâche peut-être difficile mais tout à fait honorable si l'on en juge par le ton des demandes adressées à la police par les dames ** :

« Dans un âge aussi avancé, écrit l'une d'elles, et me sentant sur le point de rendre mon âme à Dieu et de paraître devant mon Créateur, il est de mon

* Préfecture de police, Archives nationales, on a respecté l'orthographe du document.

** Y. Guyot, *La Prostitution*, *op.cit.*

devoir de pourvoir au besoin de mes enfants et de leur transmettre des moyens d'existence. »

« Monsieur le Préfet, je n'ai que vous pour appui et ressources, prétend une autre; chargée d'une famille en bas âge je vous supplie de ne pas me refuser un moyen honnête pour exister et élever mes enfants. Ne m'ôtez pas, Monsieur le Préfet, la consolation dont a besoin une femme affligée. »

Une autre encore s'exprime ainsi : « La Demoiselle D. a l'honneur de vous exposer que les plus cruels revers de fortune l'eussent réduite au dernier des actes de désespoir si elle n'avait pas été retenue par un sentiment religieux qui défend de disposer de ce qui vient d'En Haut. Sa conduite austère et circonspecte, le soin qu'elle a de son père et de sa mère, celui qu'elle prodigue à ses enfants, lui ont mérité l'estime et la considération de tous les gens de bien; ne pouvant se livrer au travail, elle sollicite l'autorisation de recevoir six femmes chez elle. »

LE MARCHÉ

Être une maîtresse de maison est une profession qui mérite et obtient d'ailleurs considération. Les « madames » sont des personnes autoritaires, équilibrées, parlant avec des mots choisis, détestant la vulgarité et, comme la patronne de la maison Tellier de Maupassant, elles ne se considèrent pas généralement comme faisant partie de la communauté des femmes pensionnaires, n'étant point « du même panier ». Ouvrir un bordel n'est pas une mince affaire. Après avoir réussi à franchir la longue course d'obstacles réglementaristes et policiers il faut remplir la maison de chair fraîche. Savoir recruter nécessite des dons de persuasion, de flair, d'audace, de sens du commerce et une bonne pénétration dans certains réseaux.

Prenons l'hypothèse la plus simple : une fille vient sonner à la porte. Elle cherche du travail. Souvent elle a les souliers éculés, la jupe effrangée, le manteau usé. Elle est fatiguée et cherche du travail. Artiste sur la touche ou bonne renvoyée, ouvrière en rupture, ex-servante de marchand de vins, ancienne « isolée » abandonnée par son souteneur, elle vient s'offrir car elle meurt de faim. La maîtresse l'interroge sur son passé, sa carrière puis l'invite à passer... un examen. « La postulante passe dans la chambre de la tenancière ou dans un petit salon, se déshabille, et, toute nue, fait juger sa future maîtresse de ses agréments... Une femme bien faite et peu jolie de visage est plus sûrement admise qu'une femme de figure agréable mais mal nouée, à membres noueux et grêles, à gorge et abdomen déformés. Une dentition saine a son prix. La grosse femme, boursouflée de graisse, est souvent refusée *. »

Des bureaux de placement spécialisés dans les maisons closes fonctionnent à Paris et dans les grandes villes. Les personnes qui les dirigent – hommes ou femmes – recrutent par petites annonces ou par dragage dans les lieux publics : squares, gares, salles des pas perdus. Des entremetteuses appelées par la police les « procureuses » sillonnent les rues, entrant partout, y compris dans les hôpitaux et les églises, à la recherche de jeunes recrues. Pleines de ruses, elles attendent à la descente des voitures publiques et accueillent les jeunes filles embarrassées qui arrivent à Paris. Elles hantent les hôtels, les salles d'octroi, les petites boutiques, les garnis et pratiquent « un vrai drainage de la rue et de ses annexes **. » Elles n'hésitent pas à racoler à l'intérieur des cours de l'hôpital Lariboisière ou

* L. Fiaux, *Les Maisons de tolérance, leur fermeture*, 1894.
** L. Fiaux, *op. cit.*

dans les salles de la Pitié, de Necker, pour faire leur choix. Si les filles acceptent, les courtières leur donnent une robe, un châle et une gratification de 4 à 5 francs par semaine. La maîtresse de maison donne elle-même à la recruteuse une somme pouvant aller jusqu'à 50 francs. Les filles peuvent avoir envie de changer de maison. Elles s'adressent alors à leur intermédiaire qui, au cours d'une tournée dans les bordels, vante leurs mérites pour ménager une entrevue. Si l'échange a lieu, la courtière touche une somme rondelette. La fille peut aussi vouloir aller dans une autre ville : une correspondance alors s'établit, des dossiers comportant des photographies circulent. Plus le « colis » est bon, plus les affaires sont juteuses. La matrone aide la fille à se procurer un passeport et à remplir les formalités administratives et, si la fille est belle et promet de gros bénéfices, elle l'accompagne elle-même comme un objet précieux pouvant s'égarer, sachant qu'au bout du voyage la maîtresse de maison ajoutera au prix de la fille le remboursement du trajet ainsi qu'une indemnité dépendant de la distance parcourue. Un véritable trafic Paris-province, province-Paris s'est organisé comme en témoignent ces télégrammes, traces laissées dans les archives de police ou dans des dossiers d'affaires jugées * :

« Madame X. Veuillez m'envoyer demain en gare train de 6 h 15 deux bouquets de violettes et trois roses. » Je traduis : « Deux brunes et trois blondes. » Ou : Paris 1880 : « Madame Alice, je vous écris ces quelques lignes pour vous demander si vous n'avez pas besoin de dames. J'ai dans ce moment trois belles filles très grandes dont une Anglaise et deux Belges,

* *Cf.* Dr O. Commengé, *Recherches sur les maladies vénériennes à Paris dans leurs rapports avec la prostitution clandestine*; L. Fiaux, *Les maisons de tolérance, leur fermeture*, *op. cit.*

son et désirant entrer chez vous je viens m'offrir. J'ai 15 ans et demi. Je suis jolie, beaux cheveux, belles dents, je suis bien faite, j'ai la peau très blanche et pas une tâche sur le corps et si vous voulez m'envoyer quelqu'un du paquebot de Bordeaux pour renseigner *(sic)* si les détails que je vous donne sur moi sont exacts. Je n'ai pas de linge et j'ai besoin avant de partir de 300 francs. Si je puis vous convenir après vous avoir été renseignée *(sic)* vous me ferez prendre chez moi par quelqu'un qui me conduira chez vous. »

De véritables marchés aux femmes se sont institués dans les grandes villes. A Paris ces placeurs travaillent dans des cafés, surtout aux alentours de la porte Saint-Martin et de la rue Saint-Denis, ainsi qu'à la République, à la Bastille et près de la gare de l'Est. Le scénario se répète, identique : la fille est seule, sans argent, elle se fait aborder par un homme qui présente bien. Il lui offre à manger (souvent la fille a très faim) et lui propose de dormir à l'hôtel avant de l'emmener le lendemain à la gare, munie d'argent et d'un faux passeport à destination d'une maison. La police a été obligée de renoncer à interdire ce genre de trafic, et l'a même reconnu officiellement en quelque sorte, en demandant à ces recruteurs de tenir des registres de commerce avec la date des échanges des filles et les flux de circulation.

Certaines villes sont plus particulièrement appréciées par les tenancières et, quand elles ne font pas appel à leur « poisson recruteur » elles n'hésitent pas à se déplacer elles-mêmes notamment au Havre, à Rouen, à Bruxelles. A Bordeaux et Marseille des courtiers sont spécialisés dans les créoles, les mulâtresses, les « Négresses ». Une véritable solidarité s'institue entre les maîtresses qui facilitent « la remonte » en cas de coup dur (déplacement de troupe, afflux d'ouvriers, foires annuelles); « les colis de choix » s'échangent alors à charge de revanche. Le mari de la patronne ou l'amant de cœur peut faire office aussi de sergent-recruteur... quand ce n'est pas le commissaire de police lui-même... Le voyage, les correspondances, les rumeurs permettent d'alimenter ce flux incessant de filles nécessaires à la bonne marche des maisons. Car les clients sont exigeants : ils veulent de la diversité, de la nouveauté. Et les filles sont impétueuses, turbulentes, désireuses de vivre au mieux leur condition de fille : elles se renseignent donc sans cesse sur la réputation des maisons et sur les exigences des maîtresses et se sentent presque toujours en état de partance. Esclaves du corps des autres mais toujours vagabondes dans l'âme.

Asservies à une mécanique de l'amour, prisonnières d'une chambre où elles exécutent chaque nuit leur labeur, elles se vivent pourtant comme des passagères en croisière, des femmes prêtes à chaque instant à disparaître pour toujours, puisant leur force dans ce quotidien qu'elles peuvent briser à tout moment.

LES DIFFÉRENTES CATÉGORIES DE MAISONS CLOSES

A chaque catégorie de maison son armée de filles. Il existe une variété infinie de maisons. Cela va du bordel somptueux et féérique où les filles habillées comme des princesses attendent le client dans des chambres tendues de velours noir, au bouge le plus minable de la rue Monjol ou du port de Marseille où, sur un matelas nu, une fille ivre d'absinthe ouvre ses jambes mécaniquement. Les filles, selon leur carrière, leur volonté, leurs amours ou le destin, peuvent parcourir le lent chemin qui part de la maison de luxe pour aboutir à la prostitution la plus misérable. Cette variété ne fait que refléter la diversité des demandes et donc aussi l'origine sociale des clients. Les maisons fréquentées généralement par les ouvriers, les soldats, les marins sont rarement celles où les bourgeois viennent chercher leur délassement voluptueux.

Au sommet de la hiérarchie, donc, les maisons de grande tolérance. A Paris, profitant des transformations de la ville, elles se construisent au cœur du centre commercial, là où circule la richesse, dans les quartiers de la Madeleine, de l'Opéra, de la Bourse. Là règne une atmosphère feutrée. Les tapis épais, des domestiques silencieux, la circulation des filles et des clients parfaitement agencée contribuent à faire de ces maisons de sublimes hôtels du sexe où l'appétit de jouissance est d'emblée excité par la vue. L'entrée d'abord est mystérieuse : une double porte, bien rembourrée, isole des bruits du dehors et donne l'impression au client, sitôt qu'il l'a franchie, d'être coupé du monde. Dans trois grandes tolérances parisiennes des portes cochères permettent l'entrée en voiture. Une fois le véhicule engagé sous la voûte, la grande porte est rapidement fermée. Le voyage au pays des merveilles peut commencer... Dans le vestibule tendu de tissu attendent des domestiques femmes, en tablier blanc, qui vous emmènent, par des portes dérobées, dans des couloirs aux tapis mœlleux ou dans des escaliers ornés de tentures éclatantes. A chaque palier ou demi-palier, des petits salons, reposoirs d'attente, permettent aux bonnes de faire patienter les clients, rendant ainsi impossibles les rencontres clientèle montante-clientèle descendante. Puis le client débouche dans le petit salon où l'attend la sous-maîtresse pour un entretien préalable : elle lui précise alors le prix de la passe avant de le conduire dans les grands salons où, comme des tableaux vivants, les filles s'exhibent nues ou vêtues d'accessoires tels que jarretelles, bas ou bottines soulignant leur nudité. « Les femmes sont là, assises, étendues sur les sofas, toutes en peau de la face aux genoux, sans autre vêtement que des bas de soie, de légers escarpins, la mantille naturelle de leurs cheveux épars sur les épaules : elles se tiennent immobiles, sans parler, regardant dans le blanc des yeux, cherchant à se surpasser les unes les autres par des saillies de buste, des torsions de corps, des écarts indiscrets pour obtenir le choix... Les simulations obscènes, l'esquisse de la rencontre, la mimique des reins où chacune excelle achève de prodiguer l'hypnotisation des obsessions vénériennes *. »

L'homme, après avoir fait le choix, franchit alors d'autres salons, d'autres couloirs ornés de tapis épais, de glaces à profusion, de fleurs naturelles, de lustres, de tableaux, de plafonds peints, de sièges bas, de divans à l'ottomane. Certains bordels se sont spécialisés dans les décors exotiques, surtout à partir des années 1860. Dans l'un a été installée une grotte mystérieuse avec des praticables et des effets de lumière; un autre a porté ses efforts sur les baignoires, véritables piscines prouvant que la mode des bordels orientaux déferle sur la capitale et notamment au Louvois où une série de chambres exoticomaniaques a été somptueusement aménagée. Le client, habitué à son confort chez sa bourgeoise, doit éprouver ici le frisson du luxe et du dépaysement. Dans les chambres, l'imagination se donne libre cours. Pour les commodités fonctionnelles, chacune est dotée d'un petit boudoir meublé d'une chaise longue, large et basse. Les murs de la pièce peuvent être

* L. Taxil, *op. cit.*

entièrement recouverts de miroirs. Le lit peut revêtir des aspects fort différents : tendu de rideaux noirs, habillé de draps noirs, éclairé par une forte lumière, il donne à la fille l'éclat étrange et marmoréen d'une statue ; transformé en cabine de bateau et installé à côté d'une baignoire en forme de conque marine, il procure l'impression de larguer les amarres ; équipé comme une hutte d'esquimau, il permet les réchauffements rapides ; ou bien encore, aménagé en salon avec diorama se déroulant derrière les glaces de la pseudo-portière, il donne l'illusion du grand départ pendant le petit voyage... Au Chabanais les clients se disputent la chambre japonaise qui obtient le premier prix à l'Exposition universelle ou la chambre mauresque qui appelle le viol ou encore la chambre Louis XVI, décorée de médaillons imités de Boucher. L'ornementation est quelquefois si baroque qu'elle en devient dangereuse pour les participants : en 1876, dans une maison proche de l'Opéra Comique, une fille et son client furent blessés en pleine action par la chute d'un plafond de glaces biseautées ! Dans les tolérances de deuxième ordre, le luxe est moins ostentatoire mais le souci de discrétion aussi vif.

La maison de quartier, dite maison de passe, installée à la ville comme à la campagne, semble, en comparaison, bien bruyante et bon enfant. Dans les rues des villes, dans les quartiers réservés, le passant voit d'abord des fenêtres allumées : « Des fenêtres avec des jalousies à moitié abaissées, des rideaux drapés les uns par-dessus les autres, relevés par des brassières de couleur et ne laissant voir qu'un coin de vitre dans lequel s'encadre une tête de femme qui sourit... ; le soir une lampe remplace la tête de la femme et brille comme un fanal *. »

* Y. Guyot, *La Prostitution*, *op. cit.*

La lutte pour la fenêtre traverse l'histoire de la prostitution. Elle se révèle symbolique du statut et de l'image de la fille. Pour attirer le désir de l'homme il faut en effet montrer le corps de la femme. Pour ne pas heurter la morale, il faut donner à la maison close l'apparence d'une maison bourgeoise. Comment donc exhiber la fille en dévoilant ses attributs les plus sexuels tout en faisant semblant d'en faire une incarnation de la pudeur ? Maison close justement... close sur elle-même, productrice de secrets mais maison pour filles publiques où quiconque peut acheter du plaisir, maison de commerce où la fenêtre doit justement servir d'enseigne. A la fin de la Révolution les filles étaient nues aux fenêtres. Puis la police les menaça d'emprisonnement pour obscénité. Alors elles durent fermer leurs fenêtres qu'elles équipèrent cependant d'un cadenas avec des chaînes assez longues pour, prétextèrent-elles, aérer leur chambre. Transgressant sans cesse l'interdiction, elles n'acceptèrent jamais les nouvelles mesures policières : installation de rideaux, blanchissement des carreaux avec du blanc de céruse (qu'elles ôtaient avec leur mouchoir !), vitres dépolies...

Une fois le seuil franchi, la bonne accueille le client qui est guidé vers le salon pour faire son choix. Calme, tranquillité, atmosphère cossue. Ici aussi des domestiques empêchent les mauvaises rencontres dans les escaliers et un système de sonnerie rend impossibles les confrontations. Dans les salons, des filles habillées en mariées, en vestales grecques, en religieuses, en pensionnaires, en nourrices, attendent sagement. On ne s'étonnerait pas de les voir rougir ou de les entendre raconter des rêves de jeunes filles. Dans les chambres le lit est plat, sans édredon, souvent entouré de glaces. Toutes ont leur cabinet de toilette avec appareil d'hygiène à eau courante et, au mur, l'obligatoire bock à injection. Les filles semblent dociles, trop dociles : « Tantôt à moitié vêtues de peignoirs plus ou moins transparents, de costumes bizarres découvrant la poitrine et les jambes; quelquefois portant des toilettes de ville complètes, avec des robes à longue traîne qui donnent l'illusion de grandes dames dans un salon; et il faut le dire, ces corps assortis par l'habileté de la tenancière blonds et bruns, grands et petits, forts et minces, quelquefois mis en relief par le bronze de la peau d'une Négresse, poitrines en avant, ces reins cambrés, ces torses qui recherchent la pose qui les rend plus provoquants et en fait ressortir les avantages et les particularités font un tableau coloré plein d'appels irritants *. »

Le client hésite. La maîtresse répète : « Au choix. » Dans ce genre d'établissement le chic réside dans l'assortissement de femmes étrangères. Une quinzaine de filles s'y mélangent dont une Négresse, ornement obligatoire de ces temples de l'amour, en compagnie d'une Algérienne, d'une Grecque, d'une Chinoise, d'une Allemande et de Françaises de régions différentes. Les filles de ce genre de maison, généralement, font ce qu'on appelle « le complément ». Ce sont des maisons où « l'on fait tout » et les caprices des clients sont quelquefois insensés. Si la pensionnaire s'en plaint elle est mise à l'amende. Comme le dit madame Adèle ** : « Faut-il qu'il y en ait qui aient de l'astuce! D'abord dans les rupins tous des détraqués! Ils seraient trop heureux s'ils n'étaient pas loufs, et il ne venait que des rupins chez nous. » Maryse Choisy, qui a enquêté dans les maisons closes sous l'identité d'une employée de maison, affirme que dans toutes ces maisons existent des chambres

* Y. Guyot, *La Prostitution*, *op.cit.*
** J. Lorrain, *La Maison Philibert*, *op.cit.*

de torture avec des harnachements sophistiqués et que des partouzes s'y donnent quotidiennement. Les raffinements sexuels augmenteront tout au long du siècle et les maisons de ce type évolueront aussi dans leur architecture intérieure. Seront ainsi aménagées des chambres pour ceux que les filles appellent les piqués ainsi que des pièces capitonnées dont les portes sont trouées à hauteur d'homme, pour les voyeurs ou les clients un peu fatigués! On met en place bien souvent un système installé sur les cheminées devant une grande glace métallisée, opaque, qui permet aux voyeurs d'observer la scène vécue de l'autre côté par des clients qui, eux, ne se doutent de rien. Le désir et la jouissance du voir sans avoir besoin de toucher va amener les maîtresses de maison à concevoir des chambres où les filles, installées sur des tables tournantes qui se meuvent mécaniquement, s'offrent dans des poses suggestives. La force de ces maisons réside dans leur réputation. Plus la transgression des interdits est rendue possible, plus discret doit être le personnel de la maison. Voluptés en tout genre. Perversions silencieuses. Charmes vénéneux de la discrétion bourgeoise.

En province, la maison se distingue par un fanal rouge. Elle est généralement située à une extrémité du village comme la maison d'Elisa, d'Edmond de Goncourt, dans un quartier tranquille, entourée d'un jardin, ou dans une rue peu passante, à côté de l'église, comme la maison Tellier de Maupassant, ou dans une ruelle sentant la rose et le chèvrefeuille, non loin de la gare, comme la maison Philibert de Jean Lorrain, à Aubry-les-épinettes. Dans ces maisons règne la même atmosphère apaisante, la même douceur des champs environnants. On y sent la palpitation de la nature, le rythme des saisons, une quiétude quasi familiale – la maman du bordel, le

des clients. Les premiers jours, elle ne se sent pas bien. Puis d'inhospitalier, le bordel devient protecteur, attractif, charmant. « Le bourgeonnement des arbustes, la verdure maraîchère sortant de dessous la neige vers la fin des grands froids, commençaient à rendre aimable cette extrémité de ville qui semblait un grand jardin, avec de rares habitations, semées de loin en loin, dans les arbres. La maison, elle aussi, en dépit de son aspect de vieille fortification, avait pour ses habitantes une distraction, un charme, une singularité. Des battements d'ailes et des chants d'oiseaux l'enveloppaient tous les jours *. »

Ce que voit d'abord le visiteur de la maison Philibert c'est le verger, les arbres fruitiers, les roses par centaines, comme si la nature protégeait de sa sensualité cette maison destinée au plaisir. « Un rideau du fusain terminait le verger. Une pelouse s'étendait, encadrée de massifs de hêtres rouges et de tilleuls argentés. Un jardinier paysagiste avait mêlé les essences et ménagé les perspectives. C'était presque un parc. Une maison blanche à deux étages s'écrasait sous un grand toit, offrant au moins vingt fenêtres de façade, espèce de caserne dépaysée dans ce jardin précieusement planté de mélèzes et de catalpas. Tel un jet d'eau, un gynerium à panache d'argent s'épanouissait devant la maison **. »

Jean Lorrain sait de quoi il parle. Fréquentant aussi bien les salons du faubourg Saint-Germain que les alcôves des maisons closes, il écrit, consignant ses expériences multiples, *La Maison Philibert* en 1904, deux ans avant de mourir. Véritable reportage sur les

* E. de Goncourt, *La Fille Élisa*, *op.cit.*
** J. Lorrain, *op.cit.*

grandeurs et la décadence de la maison close, ce roman décrit aussi admirablement les changements de mentalité des clients et des prostituées au tournant des années 1890.

A l'intérieur de la maison cela sent la tarte aux abricots, l'eau de cologne... et un peu le moisi. Les vieilles bâtisses sont humides et difficiles à entretenir malgré les efforts de la maîtresse, experte ménagère.

Le salon se situe généralement au premier étage. Orné de glaces et de tapisseries graveleuses pseudo-mythologiques, il s'agrémente d'un piano, qui sert les jours de fête, et d'un bar. Richement meublé par des divans profonds, des étoffes, il est d'un luxe exagéré et à l'intérieur circule une odeur énervante et fade, « une odeur indéfinissable dans une atmosphère lourde, accablante comme celle des étuves où l'on pétrit des corps humains * ».

Les chambres, elles, sont propres, nettes. Une toilette ouverte, une cuvette, constituent les éléments essentiels du mobilier. Tout cela évoque plus la chambre d'un hôtel petit-bourgeois coquettement tenu que la luxure d'un bordel. Le lit surtout! « Il était en noyer, luisant de vernis, haussé par l'entassement des édredons et des couvertures, presque caché sous d'amples rideaux jaunes, frangé de jaune. Rien n'évoquait l'idée de raffinement bizarre. Ailleurs nul objet, nulle gravure obscène. Tout cela semblait attendre, dans la discrète clarté se filtrant à travers les persiennes closes, une jeune fille pure, prête à faire sa prière du soir, avant le sommeil **. »

* G. de Maupassant, *L'Ami Patience.*

** P. Adam, *Chair molle*, 1885.

Au dire des spécialistes, l'ambiance qui règne dans les maisons parisiennes semble moins douce et les appels du sexe se font plus pressants, plus évidents. Certains habitués, comme Dignimont, ont bien trouvé derrière l'Opéra une maison dont l'ambiance leur rappelle celle de la maison Tellier, mais ils le reconnaissent : cette nonchalance, ce côté popote dans le rut n'existe pas vraiment à Paris. Là, en effet, le temps est compté, l'homme plus expéditif, tandis qu'à la campagne « une débauche plus naïve, plus sensuelle, moins cérébrale, moins hantée de lectures cruelles, ne recherche point dans la Vénus physique l'humiliation et la douleur de la créature achetée *. » A Paris, le client est souvent un inconnu qui vient assouvir vite et bien un instinct, un contact-colère comme dans un viol, pour reprendre l'expression de Maupassant; à la campagne, le client est souvent un habitué, presque un ami, et dans ces bourgades où on cancane et où tout se sait, la prostituée devient, au fil des ans, une dame de compagnie. Dans la capitale, les filles attendent dans le salon en tenue plus déshabillée et invitent le client à boire du champagne. Elles passent leur langue sur leurs lèvres, cambrent le torse, soupèsent leurs seins et appellent le client à « monter »... Le vertige de l'alcool aidant, les sens émoustillés par cette cascade de lumière, cette douceur enveloppante, le client tout ébaudi suivra la fille, là-haut, au septième ciel sous l'édredon.

« L'odeur de l'amour dans les maisons closes
Est celle des marées chéries des iguanodons.
Ce n'est pas une odeur conjugale,
Mais une odeur où la préhistoire se révèle.
C'est donc amusant de n'être qu'une cellule
[vivante,

* Comme le dit Maupassant et comme le pense aussi Huysmans.

Étalée sur un divan de velours rouge,
Cependant que le jazz-band infernal de [Paris
Rythme la danse quotidienne des affaires *. »

Banquettes élimées, sciure sur le carrelage, violence des éclairages, tables de marbre, bruits de conversation, vapeurs d'alcools, odeur de bière, visages rougis, le lupanar, bordel des ouvriers, des soldats, des matelots, fréquenté quelquefois par les grands bourgeois excités par les classes dangereuses, se présente comme le lieu le plus bruyant, le plus vivant aussi du trafic de l'amour vénal. Là on se touche, on s'empoigne, on se prend. Là les rixes éclatent, les amours se nouent, le sexe s'exhibe. Vertige de l'amour. Vibrations du monde gouverné par le sexe et l'argent. Vie chauffée à blanc comme dit Marthe. Volupté de la servitude pour les filles, hallucinations du désir pour les hommes. Le lupanar fonctionne dans les ports, près des casernes, dans les quartiers en construction. Ouvert sur la rue, il ressemble à un estaminet. Les chambres meublées généralement sommairement se situent juste à côté. Ici pas de confort, peu d'intimité mais de la rapidité dans la circulation du désir. Ici, les filles ont tous les âges : se côtoient de toutes jeunes filles comme des femmes maquillant maladroitement leur vieillesse avec des faux chignons et du plâtre sur le visage. Rudes travailleuses, elles ne rechignent pas à la besogne et tiennent le rythme et la cadence grâce à l'alcool. Les maisons sommeillent pendant le jour et s'animent à la tombée de la nuit. « Dix lustres, multipliés par vingt glaces plaquées sur les murs rayés, projetaient dans le café, dans le long boyau du rez-de-chaussée, un éclairage brûlant, traversé de lueurs,

* P. Mac Orlan, *L'inflation sentimentale*, *op. cit.*

de reflets, de miroitements électriques et aveuglants, un éclairage tombant comme une douche de feu sur les cervelets du buveur. Au fond, tout au fond de la salle resserrée et profonde et ayant l'infini de ces corridors de lumière d'un grossier palais de féerie, confondues, mêlées, épaulées les unes aux autres, les femmes étaient ramassées, autour d'une table, dans une espèce d'amoncellement fouillant à même dans un paquet de Maryland commun et roulant une cigarette *. »

La maison de quatrième ordre ressemble à un magasin de chair fraîche, où les filles, affalées sur des banquettes, plaisantent avec les clients avant qu'ils ne se décident à monter dans les chambres meublées très modestement. Ici les filles ont droit à la nourriture et au logement. Des filles, très jeunes, aux charmes déjà flétris, sont habillées de chemises transparentes, soulignant leur nudité et dévoilant leur gorge. Les coiffures monumentales, les maquillages outranciers sont de mise. Le café s'anime vers huit, neuf heures du soir. Une fille, devant, fait son quart en hélant les clients. La sous-maîtresse se tient à la caisse. Autour des tables, s'ignorant souvent superbement, dans un tohu-bohu général, l'ouvrier côtoie le petit patron venu en cachette s'encanailler, le vieillard, le jeune homme. Chacun s'isole et à la fois s'exhibe « dans cette gamelle de l'amour où chacun plonge sans se préoccuper de ce qu'il pourra trouver, là circulent des filles au choix. Les unes sont affublées de longues robes à traîne; d'autres sont en maillot, surmonté de jupes écourtées bien plus haut que les genoux. Quelques-unes sont déguisées en bébé... Pour passer le temps, les unes se tirent les cartes, d'autres fument des cigarettes en buvant beaucoup de mélé casse comme s'il

* E. de Goncourt, *La Fille Élisa*, *op.cit.*

en pleuvait; un groupe joue à cache-cache avec un bébé de trois ou quatre ans qui déjà bégaie des obscénités; le reste fait la causette avec le garçon de café; la gérante traîne au milieu de tout cela et, avec sa vieille mère de soixante-dix ans surveille en ricanant ce troupeau de vierges folles *. »

Comment choisir une fille? Quand les unes montent, les autres glapissent. Toutes les filles n'ont pas pour autant ce type de comportement. Marthe n'utilise ni gros mots, ni caresses, mais la douceur du geste et la gentillesse. Elle se sent souillée d'être là, au milieu du flamboiement du gaz, sur une banquette, à sourire de huit heures du soir à trois heures du matin. Et pourtant, tous les soirs, malgré son écœurement devant ce travail de Vénus crapuleuse, elle se tient là, arrimée à sa banquette. « Les girandoles de bougies, ces murs tendus de satin d'un rouge mat, gaufrés de fleurs en soie blanche, miroitant comme des grains d'argent, dansaient devant ses yeux et pétillaient comme de blanches étincelles sur la pourpre d'un brasier; puis sa vue se rassérénait, et elle se voyait, dans une grande glace à cadre de verre, prostrée impudemment sur une banquette, coiffée comme pour aller au bal, les chairs revêtues de dentelles pimentées d'odeur forte **. »

Excitation provoquée par le tohu-bohu, répétition de cette vie nocturne, univers de lumière, d'alcool et de rires. Pour le client, frémissement de la découverte, monde clos de la luxure. Qui est au bout du chemin pour assouvir les instincts? Une vieille femme ridée expérimentée ou une jeune femme débutante dégoûtée? Aller dans ce genre de bordel ressemble à une expédition sur des terres lointaines.

* Flévy d'Urville, *Les ordures de Paris*, *op. cit.*
** J.K. Huysmans, *Marthe*, *op.cit.*

« Dans la cité, une allée se perdant dans les profondeurs de la maison, à droite de l'allée, tout en entrant, porte d'une petite boutique ayant une devanture sur la rue, grande comme à peu près une fenêtre, grillagée de fer et voilée par un rideau du jaune sale d'un enfant qui pisse au lit. Trois marches à monter et un vieux comptoir. Une vieille dort en brinquebalant sa tête... Un petit escalier puis une chambre assez grande, sur trois faces de la chambre, un vieux banc en bois... Sur le banc, sept à huit vieilles, vieilles comme des sibylles, dans des poses ratatinées, mises avec des loques de spectre, les genoux près du corps, voûtées; et sur les genoux, un gueux, sur lequel elles croisent leurs deux mains, comme deux mains sur les tombeaux. Une chandelle avec un pied de nez sur le comptoir!

Quand vous entrez non pas : “ Prenez-vous quelque chose ? ” mais : “ Qu'est-ce que vous prenez ? Un petit verre d'eau de vie ? ” Toujours la même eau de vie de bordel : comme de l'eau quand on l'avale et, avalée, comme trois épées qui vous sortent de la gorge. Dans le quartier ce lupanar est plutôt connu sous ce terrible nom : Les Parques. Maison Milat, barrière de l'école pour le militaire : dix sous. On annonçait sur les gravures obscènes : “ Femme en velours et luxe de fleurs artificielles, deux sortes de belles putains * ”. »

Plus l'on descend dans les bas-fonds de la prostitution, plus les bordels s'ouvrent sur la rue bruyamment, plus les filles paraissent vieilles et décaties, plus les clients se bagarrent, plus violente semble la nuit. Dans les quartiers des fortifications à Paris, dans les quartiers réservés des ports, dans le *no-man's land* des banlieues récentes, se rencontrent toutes les

* Confidences de Charles Jacques, *in* E. et J. de Goncourt, *Journal*, année 1853.

nuits dans les vapeurs de bière et d'absinthe des ouvriers célibataires, des soldats en goguette, des marins en tournée. Là, un simple rideau sépare l'estaminet des passants. Un garçon de tolérance met à la porte les clients ivres et la bière y est taxée à partir de minuit. Ici, aux dires des observateurs, règne la bestialité. Ici l'acte d'amour est réduit à sa plus simple expression : la pénétration. Ici est le dernier refuge des garnis de nuit. A peine y entretient-on la stricte propreté. Des tables et des pans de bois constituent le mobilier de la salle commune et les chambres sont meublées d'un simple lit de fer et d'une paillasse. Les physiologues parlent du goût du vice, de cloaque immonde et l'évoquent avec des frémissements de dégoût dans la plume, tandis que les clients romanciers en ont laissé des descriptions fascinées. Fascination du côtoiement du sexe, de la mort, de la misère, de l'amour, de la nudité.

> « L'odeur perfide et câline vous incite à mal
> [faire.
> On ne sait pas très bien si elle sent bon,
> Mais on ne sait pas non plus si cela sent
> [mauvais.
> Comme toutes les odeurs génitales
> Cette odeur est équivoque
> Et c'est au moment même
> Que l'on pourrait se faire une idée diligente
> [sur
> La question
> Que l'on meurt *. »

Dans ces maisons travaillent aussi bien des filles jeunes, jetées dans la spirale de la pauvreté et qui n'ont pas d'autre moyen pour dormir et se nourrir, que des femmes flétries qui cachent leur âge avec

* P. Mac Orlan, *L'Inflation sentimentale*, *op.cit.*

des faux crépons, des perruques enduites à la colle et un maquillage épais. Ici, dans les cris, les fumées, les apostrophes et quelquefois le sang d'une bagarre déjà oubliée, on exhibe ses souvenirs au milieu des bambins qui sont les enfants des prostituées. A Maubert comme à Pigalle, les filles rôdent autour du café et hèlent les clients. A Marseille comme à Toulon, dans des ruelles, entre les murs des maisons endormies, au son des pianos mécaniques, sous des lanternes protégées par des grilles, des filles à voix basse murmurent des promesses. Atmosphère de désolation dans un paysage de démolition. Jusque dans les années 1870 le bouge sera synonyme de saleté : table en bois grossier sentant le vin sur, tabourets dépaillés, filles lourdes, graffitis sur les murs. Au milieu de la nuit il n'y a plus ni homme ni femme, mais des buveurs et des buveuses d'absinthe, enfermés dans leur solitude. Le bouge ressemble alors à une maison funèbre détachée, comme le dit Mac Orlan, du reste de l'humanité « comme un navire dirigé par un équipage damné ». Monde autonome, univers d'exclusion, sensation pour certains comme Baudelaire, Rops, ou Mac Orlan de descendre inexorablement les escaliers du vice et d'atteindre les bas-fonds de l'humanité : « Nous sommes descendus jusqu'au dernier degré de la spirale, jusqu'à la *fœmina simplex* du satyrique latin. Tantôt nous voyons se dessiner, sous le fond d'une atmosphère où l'alcool et le tabac ont mêlé leur vapeur, la maigreur enflammée de la phtisie ou les rondeurs de l'adiposité, cette hideuse sainteté de la fainéantise. Dans un chaos brumeux et doré, non soupçonné par les chastetés indigentes, s'agitent et se convulsent des masses macabres et des poupées vivantes dont l'œil enfantin laisse échapper une clarté sinistre, cependant que, derrière un comptoir chargé de bouteilles de liqueur, se prélasse une grosse mégère dont la tête, serrée dans un sale foulard qui dessine sur le mur l'ombre de ses pointes sataniques, fait penser que tout ce qui est voué au Mal est condamné à porter des cornes *. »

Ces bordels changent souvent de main et sont mis aux enchères dans des cafés proches de la porte Saint-Martin. La maîtresse a d'abord « fait les banquettes » puis, au bout de quelques années, elle a quitté le peignoir pour devenir sous-maîtresse, ou tôlière. Les nuits ici sont courtes : le café ne ferme jamais avant quatre heures du matin et les filles attendent hébétées de fatigue et d'alcool, affalées sur des banquettes, le départ des derniers hommes. Attraction du vide, frénésie et vertige, désordre sans cesse attisé, déroute de toutes les idées tristes fait dire Huysmans à Marthe qui ne peut plus quitter sa vie d'estaminet.

Difficile de remonter la pente. Par contre il est possible de descendre encore plus bas, dans la misère, dans la pauvreté, dans la nudité exposée. L'enfer existe à Belleville dans les rues Monjol et Asselin où, au milieu des miasmes, dans des garnis humides et sans rideaux, en haut d'escaliers vermoulus, s'offrent des femmes pour des prix dérisoires. En bas le café ou plutôt l'apparence de café : des bancs, un poêle, un bar sale, des verres de vin rouge, des traces de boue, une odeur de pétrole, de cosmétique, d'urine. Sur le seuil une matrone appelle et tire par la manche les passants. Dedans, des filles en peignoir, transies de fatigue et de froid, espèrent l'arrivée des mariniers, des égoutiers, des terrassiers. « Va à la Monjol! » injure suprême pour les filles. Monjol, dernière étape des escales de la prostitution. Là le sang coule et les prostituées peuvent être assassinées.

* C. Baudelaire, *Lettres à Asselineau à propos de Constantin Guys.*

Au petit matin Francis Carco y vit ainsi « une fille d'une vingtaine d'années grande et, pour l'endroit où elle exerçait son commerce, assez soignée. Ses souliers vernis qui se touchaient des talons, ses bas à jours, son large pantalon empesé orné d'un gros ruban, sa jupe noire retroussée, son chandail vert, tout, dans les deux pièces où le crime s'était accompli, accentuait cette singulière impression d'ordre et de propreté qu'on n'eût point attendu. Autour d'elle, la collant au sol, une mare de sang coagulé donnait vraiment cette sensation de " chocolat " que l'argot a rendu populaire *. »

« Va à la Monjol », ultime lieu du dernier rendez-vous. Le fort de Monjol autour duquel se groupaient les garnis fut démantelé et le quartier rasé en 1929. Les filles ont donc quitté les maisons en ruine et les décombres noircis, et se sont réfugiées un peu plus loin rue de la Charbonnière où elles ont changé de tactique : obéissant à la lente mais inexorable évolution du milieu, elles ont quitté leur patronne et se sont mises à leur compte à la grande joie de certains souteneurs : croyant arracher un peu de liberté, elles sont devenues pour un temps des insoumises.

L'INSCRIPTION

Pour entrer au bordel il faut en effet s'inscrire. Par cette formalité administrative la fille devient une fille soumise. L'enregistrement se fait à la préfecture de police, au deuxième bureau de la première division, soit sur la demande de la fille, soit d'office après une arrestation mais, la plupart du temps, l'acte est volontaire. La fille doit être munie de son acte de naissance et doit répondre à des questions sur

* F.Carco, *L'Amour vénal*, 1938.

son état et sur celui de ses parents. Elle doit préciser son âge, son domicile, sa profession antérieure, si elle a des enfants et si elle vit avec eux. Elle doit aussi exposer ses motifs. Après l'examen médical pratiqué au dispensaire de la préfecture, elle devient libre d'aller exercer dans la maison de son choix où elle est immédiatement inscrite par la maîtresse de maison sur le registre appelé dans l'argot des filles « le livre sans nom ». La police, au cours de l'inscription, se contente d'obtenir des renseignements. Elle dissuade peu ou mollement les nouvelles candidatures même, comme nous le verrons plus loin, lorsqu'elles sont formulées par des mineures.

Mais autant il est simple de se faire enregistrer, autant il est compliqué de se faire radier. Les causes en sont : les décès (et ils surviennent hélas en nombre assez important dans cette profession) et les mariages (mais il sont exceptionnels et provoquent la colère du bourgeois *). Un amant peut aussi demander la radiation mais la police fera une enquête minutieuse sur l'état de sa fortune et le genre de ses relations avant de la prendre en considération. Souvent celle-ci n'est obtenue qu'après une période probatoire de trois à neuf mois. Très rares sont celles qui réintègrent leur famille ou leur profession. La plupart du temps elles « disparaissent ». Impossible de les suivre. La police

* Comme celle de Henri Mireur, spécialiste de la syphilis, qui s'écrie en 1875 : « De pareils actes servent encore à démontrer que le sexe faible n'est pas seul susceptible de dégradation. Ne nous dissimulons pas que, dans l'immense majorité des cas, ces hommes qui recherchent de pareilles unions ne sont que des personnes tarées et avilies, dont le seul but est de pouvoir vivre en parasite. ». *La Syphilis et la prostitution dans leur rapport avec l'hygiène, la morale et la loi.*

mais aussi auprès de son mari qui a dû donner son accord. Le seul homme autorisé à vivre dans une maison en province est le mari légitime de la maîtresse, officiellement du moins. Dans la réalité, il en va autrement et la police le sait parfaitement. Le tenancier joue bien souvent le rôle de recruteur, il assure l'ordre dans la maison, vide les clients irascibles et renseigne la police. La femme tient le registre, s'occupe de l'habillement et de la nourriture des filles et veille à la bonne marche de l'entreprise. Ils reproduisent ainsi le fonctionnement classique d'un couple petit-bourgeois et gèrent commercialement leur petit commerce. Boutiquiers de chair fraîche, ils ne sont pas toujours d'accord sur la marchandise, mais, dans ces négociations, l'homme n'a pas souvent droit au dernier mot comme semble en témoigner, par exemple, cette lettre :

« Monsieur Lottin, Bureau restant Station, Mons, Belgique

21 avril 1881

Mon petit homme,

Je suis désolée de te contrarié. Tu sais ce que je t'aie toujours dit. Je ne veux pas de femme de Belgique et je n'en prendrai jamais. Notre maison de la rue Saint-Pierre ouvrira au commencement de juin. Nous avons le temps. La femme de Saint-Ghilain et Sara, si nous n'en avons pas d'autres, ouvriront la maison. Quinze jours après deux autres prises n'importe où, mais pas en Belgique. Elles sont trop vicieuses, elles lisent trop *la Lanterne*, trop d'avancement.

Exsuses-moi si je te déplais, mais là-dessus je ne céderai pas. Il ne faux jamais prendre les femmes dans une sphère trop élevée. Les Dieppois n'en voudrait pas, elles seraient trop belles. Le changement est trop frappant. Si tu as une bonne affaire, écris à Raymond et à d'autres, fait en profité tes amis, mais moi pour quelques billets de 100 francs à gagné, je ne veux pas faire le placement, je suis comme toi. Je trouve avoir asset d'argent. Je ne veux pas d'ennui, je suis trop tranquille et me trouve si bien que par moment je me dis : cela ne durera pas. Espérons que si *. »

Il existe une véritable franc-maçonnerie des maris des maîtresses de maison qui s'étend en France, mais aussi en Belgique et en Suisse. Celle-ci se tient parfaitement au courant du marché immobilier des maisons et les achète soit directement, soit par des tiers en réalisant ces transactions par des actes sous seing privé rédigés par des hommes d'affaires « spéciaux » : au nombre de trois ou quatre à Paris, ils s'occupent exclusivement des affaires de cession de maisons de tolérance, de la rédaction des baux et des affaires contentieuses qui peuvent en résulter. Car être propriétaire d'une maison close est une affaire juteuse. Un quart des maisons appartient aux tenanciers ou aux tenancières. L'écrasante majorité des propriétaires est constituée de gens très honorables en apparence, qui se livrent à un véritable racket et forment des clans d'exploiteurs de la prostitution publique. Ils sont avocats, agents d'affaires, rentiers, agents de change, syndics de vente, entrepreneurs de maçonnerie, tailleurs, épiciers. Ils ne se privent guère d'augmenter le prix de location voire de le doubler quand la locataire leur annonce qu'elle en fera un bordel. Ils consentent des baux de trois, six, neuf ans et mettent à la charge de la femme tous les frais occasionnés par l'aménagement de la maison. Lorsque les affaires deviennent enfin prospères, vers la sixième année de son exercice, la maîtresse de maison qui n'a plus que trois ans à courir, demande alors une

* Archives nationales, on a respecté l'orthographe du document.

prolongation. Le propriétaire qui sait que la police l'autorisera et qu'il n'aura donc aucune difficulté à relouer à une autre maîtresse, exige des pots-de-vin et une augmentation considérable. Pour pouvoir donc continuer à gérer sa maison, elle est obligée d'en payer le prix fort, comme si elle venait d'arriver. Le bail est alors prolongé. Le bordel, au lieu de prospérer, va à sa perte. La tenancière s'endette et le propriétaire l'expulse en lui faisant vendre le mobilier qu'il achète. La maison est temporairement fermée. Le propriétaire peut alors spéculer tranquillement en augmentant son bail car la maison est aménagée et, de nouveau, augmenter son loyer et exiger des pots-de-vin. C'est sans doute pour cette raison que, progressivement, les tenanciers ont essayé de devenir propriétaires et y parviennent majoritairement à partir du dernier tiers du XIXe siècle.

Toute tolérance est révocable. Les obligations qu'entraîne la délivrance du registre sont nombreuses et lourdes. Elles se trouvent consignées dans la note administrative sur les obligations de maison. Le registre les énonce : faire enregistrer dans les vingt-quatre heures au bureau administratif du dispensaire de salubrité les filles qui se présentent pour travailler ; informer l'administration dans le même délai de l'entrée ou de la sortie des filles ; prévenir tout scandale, rendre compte des événements survenus à l'intérieur ; ne pas faire entrer de mineures. Il est aussi interdit d'avoir comme pensionnaire la mère ou la fille ou encore deux sœurs, de faire coucher deux filles dans le même lit, de garder son enfant au-delà de quatre ans. A Paris est aussi spécifiée l'interdiction de vivre avec un amant ou un mari à l'intérieur du bordel – clause jamais respectée ! En province les règlements municipaux apparaissent moins rigoureux mais l'autorité se réserve toujours le droit de fermer les tolérances rapidement en cas de problème.

Dans la vie quotidienne, il en va tout autrement : le tenancier prend ses repas au bordel, même si souvent il exerce au-dehors des activités de cafetier mais le soir il oublie régulièrement de s'en aller. Les filles « doublent » dans le même lit et les enfants, bien au-delà de quatre ans, jouent tranquillement dans les salons où ils sont les chouchous de ces dames qui les cajolent et les couvrent de baisers. Le prince consort ne se contente pas d'astiquer les glaces de son salon et de balayer le matin son estaminet. Figure essentielle il est *Le mâle*, souvent respecté, quelquefois adoré, qui flatte et calme ces dames. Il n'hésite pas à faire le quatrième à la manille ou à soigner les plaies du cœur des pensionnaires trop mélancoliques. Il serre la main du commissaire, joue aux cartes avec les bourgeois en arborant la dignité d'un notable installé. Le « Monsieur » du bordel de province où travaille Élisa a une épaisse barbiche et les allures vestimentaires d'un petit bourgeois. Il passe ses soirées « les mains plongées dans les goussets de son pantalon, les pouces en dehors, regardant bonifacement de ses gros yeux, sillonnés de veines variqueuses, les illustrations d'un volume des crimes célèbres que lisait le fils de la maison ». Monsieur Philibert, quant à lui, mène sa boutique de main de maître à la bonne franquette, comme un gentil papa qui sait se faire respecter.

Monsieur et Madame s'entendent généralement bien. Dans les maisons de grande tolérance Madame quitte souvent le navire et part dans les villes d'eaux avec son mari, laissant la sous-maîtresse diriger. Madame est souvent elle-même une ancienne sous-maîtresse qui a su faire ses preuves, une ancienne prostituée qui a pu accumuler de l'argent. Madame a souvent un bras de fer sous un gant de velours. Jamais elle ne se mélange avec sa troupe. Elle n'appartient pas tout à fait à la même race. Toujours au-dessus, telle semble être sa devise. Elle vend de l'amour mais jamais ne se vend. Au-delà de l'amour vénal elle excite cependant le désir et la curiosité.

« Elle était grande, charnue, avenante. Son teint pâli dans l'obscurité de ce logis toujours clos luisait comme sous un vernis gras... Invariablement gaie et la figure ouverte, elle plaisantait volontiers avec une nuance de retenue que ses occupations nouvelles n'avaient pas encore pu lui faire perdre. Les gros mots la choquaient toujours un peu; et quand un garçon mal élevé appelait de son nom propre l'établissement qu'elle dirigeait, elle se fâchait, révoltée. Enfin elle avait l'âme délicate et, bien que traitant ses femmes en amies, elle répétait volontiers qu'elle n'était point " du même panier " *. »

Il faut savoir se comporter comme une femme à poigne pour diriger une maison avec ordre et décence. Il vaut donc mieux ne pas être trop jeune pour avoir de l'ascendant sur les filles. D'ailleurs la préfecture de police n'aime guère les maîtresses de maison de moins de vingt-cinq ans et une jeune mariée de vingt et un ans n'a pas obtenu l'autorisation pour des raisons ainsi formulées : « Cette femme, bien que n'ayant jamais été prostituée, présente toutes les qualités nécessaires pour exploiter une maison, mais son âge apporte un obstacle insurmontable à ce que sa demande lui soit accordée; si elle n'est pas déjà mère, elle peut le devenir; si cette femme et son mari, qui exploiteront de concert, ne voient pas ce qu'il y a d'inconvenant dans une démarche semblable faite par des gens aussi jeunes

* G. de Maupassant, *La Maison Tellier*, *op.cit.*

et nouvellement mariés, l'administration ne doit pas rester indifférente à cette considération morale *. »

Selon Parent-Duchâtelet, « la tâche est délicate et nécessite beaucoup de qualités : de la force, de la vigueur, et de l'énergie morale et physique. L'habitude du commandement, quelque chose de mâle et d'imposant sont à désirer dans une dame de maison; si à ces qualités elles joignent de bons antécédents, si elles n'ont pas été reprises de justice, si elles ont quelque probité, si elles n'ont pas favorisé la débauche clandestine, si elles ne sont pas sujettes à l'ivrognerie, si elles savent lire et écrire, si pendant qu'elles étaient simples prostituées, elles ne se sont pas fait remarquer par leur tendance à enfreindre le règlement, on peut, sans inconvénient, leur accorder l'autorisation qu'elles demandent **. » Leurs gains peuvent être très importants et atteindre jusqu'à 600 francs par jour ***, et pour cela elles doivent mener de main impitoyable leur troupeau.

LES FILLES DE BORDEL

Car certains observateurs n'hésitent pas à parler de bêtes de somme pour décrire la vie quotidienne infligée aux filles. Une fois inscrites, leur corps, leur temps, leur intimité ne leur appartiennent plus. Généralement elles savent ce qui les attend car peu de filles inexpérimentées arrivent dans les bordels. Les maîtresses préfèrent d'ailleurs les filles « faites »,

* Archives nationales.

** Dr A. Parent-Duchâtelet, *op. cit.*

*** N'oublions pas que dans les années 1840 le docteur Villermé donne pour les ouvriers du textile un salaire quotidien de 2 francs.

celles qui, arrivées le matin, travaillent le soir même. Elles sont « à la redresse » et, comme disent les Lyonnais, « il y a longtemps qu'elles ont vu péter le loup sur une pierre de bois ». Elles savent que leur patronne écartera les clients qui ne viennent que pour « faire flanelle », c'est-à-dire caresser, au lieu de monter. Elles savent ce qu'elles viennent y faire et, passée l'émotion de se savoir enfermées loin du monde, elles adoptent, sans trop rechigner, leur vie de pensionnaires. Le bordel c'est d'abord un abri et le pain assuré. Par misère, par abandon de la famille ou d'un amant, par dégoût d'un travail peu rétribué, elles ont franchi le pas.

« Du pain pour sa chair! Elle allait se vendre à qui voudrait d'elle sans distinction. Désormais ce sera à des amours d'une minute, à des aspirations bestiales qu'elle devra satisfaire. Il faudra singer les caresses tendres prodiguées autrefois à l'homme aimé, ressusciter par le mensonge une passion éteinte. Lucie Thirache se complaisait à imaginer toutes les vilenies qu'elle allait endurer. Elle s'injuriait elle-même, et des larmes brûlantes coulèrent sur ses joues, s'arrêtant aux rondeurs du visage jusqu'à ce qu'elles fussent assez lourdes pour mouiller les mains croisées dans les jupes *. »

Elles ont en moyenne entre vingt et un et vingt-cinq ans. Elles ont perdu leur virginité vers l'âge de seize ans avec un homme de leur milieu le plus souvent et non dans les bras pervers d'un sale bourgeois vicieux comme le ressassent les feuilletonnistes. Elles se sont déjà livrées, de façon épisodique, à l'amour vénal sans entrer en maison. Leurs deux parents les ont élevées et elles ne sont pas, comme l'écrivent les romanciers en mal de sensation, filles naturelles, seules dans la vie, mais se trouvent être,

* P. Adam, *op.cit.*

dans une écrasante majorité, des déracinées. L'origine sociale des pères des prostituées se situe dans la classe ouvrière ou la petite-bourgeoisie : propriétaires rentiers, marchands boutiquiers, cafetiers, aubergistes, restaurateurs, marchands ambulants, et ouvriers de l'artisanat (surtout dans le bâtiment, les métaux, le textile). Leurs mères sont ménagères, journalières, domestiques, rentières, tailleuses, couturières, blanchisseuses, modistes, repasseuses, lingères, brodeuses, tisseuses. Une petite moitié des filles sait lire et écrire. Elles jouissent, au moment de leur arrivée en maison, d'une bonne santé et bénéficient d'une bonne constitution, arme nécessaire pour pouvoir se plier au rythme de leur vie quotidienne. Elles disent avoir exercé différents métiers auparavant : couturières, lingères, brodeuses, blanchisseuses, repasseuses, tailleuses, domestiques, cuisinières, femmes de chambre, filles de café, artistes lyriques et dramatiques, marchandes ambulantes. Nous ne sommes pas obligés de les croire. Elles préfèrent sans doute tricher un peu sur leurs antécédents et cacher pour la plupart qu'elles vivaient déjà épisodiquement de la prostitution. Il semblerait d'ailleurs, par le recoupement des statistiques, qu'elles aient tendance à confondre l'apprentissage éphémère d'un métier avec son exercice réel. Mises à la rue par des patronnes de fabrique qui débauchent souvent pendant deux ou trois mois, congédiées par des bourgeoises irascibles qui trouvaient que la bonne était décidément trop jolie, sans emploi après avoir couru les cachets, que peuvent faire dans une ville des filles jeunes, jolies n'ayant comme perspective d'avenir que la faim et la misère ?

Pour les moralistes au cœur d'acier et à la vertu outragée par tant de vice étalé, la paresse constitue la première cause de la prostitution. Viennent ensuite la nonchalance, la lâcheté auxquelles s'ajoutent la vanité et le désir de briller. Mais, une fois qu'ils ont poussé leur couplet devant cet abaissement immonde de la dignité que constitue l'amour vénal, ils reconnaissent que la misère représente de plus en plus la cause active de la prostitution : « La misère poussée souvent au degré le plus affreux... que de filles abandonnées de leur famille, sans parents, sans amis, ne pouvant se réfugier nulle part sont obligées de recourir à la prostitution pour ne pas mourir de faim ! Une de ces malheureuses, susceptible encore des sentiments d'honneur, lutta jusqu'à la dernière extrémité avant de prendre un parti qu'elle regardait comme extrême, et lorsqu'elle vint se faire inscrire, on acquit la preuve qu'elle n'avait pas mangé depuis trois jours *. »

Car pour tous ces hygiénistes, ces médecins, ces romanciers, ces traqueurs de convenances et ces gardiens de l'ordre social qui classifient à l'époque toutes les marginalités, la prostituée reste une énigme car elle est doublement déviante : socialement et sexuellement. Ils vont donc l'exclure et la placer dans une sphère autonome en lui donnant des attributs, un caractère, une nature susceptibles d'expliquer le scandale de son existence.

Tout d'abord la prostituée est une enfant. Jamais elle ne parviendra à maturité. Elle apparaît comme une ébauche de femme, une femme pas terminée. L'enfant, le fou, le sauvage ! De ces trois figures elle capte les principales caractéristiques : l'immaturité de l'enfance, l'instabilité de la folie, l'insouciance du sauvage. Depuis la nuit des temps sa fonction a empêché son évolution. Certains, comme Fiaux, qui se targue d'avoir étudié scientifiquement et sans *a priori* les filles, n'hésitent pas à

* Dr A. Parent-Duchâtelet, *op.cit.*

écrire sérieusement en 1892 qu'elles ont « la mobilité et le vide d'une cervelle préhistorique baignant dans l'animalité *. »

Chez elle tout se brouille, rien n'est jamais fixé : elle peut passer d'un mutisme forcené à des accès d'une gaieté folle, du voussoiement le plus aristocratique à la grossièreté la plus insultante. Superstitieuse, elle croit aux signes, passe des heures à jouer aux cartes et à interpréter l'avenir. Loquace, très loquace, elle s'étourdit de paroles, vit dans un océan de mots et ne sait jamais ce qu'elle dit. Son cerveau est si mobile qu'elle change d'avis tout le temps; d'ailleurs elle change de tout tout le temps : de tenues dans la journée, d'humeur en une minute, de maison souvent. Bien sûr, elle ment sans cesse et en toutes circonstances. Impossible de la croire, « l'habitude du mensonge est générale chez les filles publiques. Cette habitude est née de la position toujours fausse et gênée dans laquelle elles vivent et de l'opinion qu'on se forge d'elles : l'une fuit l'autorité paternelle, l'autre les recherches judiciaires. Celle-ci veut cacher une faute qui mérite punition, celle-là éprouve le besoin de se faire considérer comme une victime quand c'est la paresse et la coquetterie qui l'ont fait tomber dans l'abjection. Ne voyant du reste que des ennemis partout, elles cherchent à tromper tout le monde et finissent par altérer les choses les plus insignifiantes **. »

Se livrant souvent à des colères terribles, dominée par des jalousies féroces, elle est la plupart du temps enrouée, ce qui conduit le médecin qui l'examine scientifiquement en la découpant en catégories à créer la rubrique : prostituée enrouée! Son tempérament est classé dans la rubrique lymphatique pour

* L. Fiaux, *Les Maisons de tolérance*, *op.cit.*
** L. Taxil, *op. cit.*

plus de 80 %. Sa capacité de séduction extérieure a même été mesurée. Le docteur Jeannel a créé pour elle dès 1868 la catégorie dite des agréments physiques (*sic*) qu'il a justifié ainsi dans une échelle de 1 à 5 : « Sous le numéro 1 sont comptées les femmes chez qui on regrette de trouver, dégradées par le métier infâme, les séductions de la beauté et de la jeunesse, sous le numéro 2 les femmes qui ont gardé un certain charme extérieur, sous le numéro 3 les femmes d'un extérieur médiocre, sous le numéro 4 les femmes laides, sous le numéro 5 les femmes tellement hideuses ou tellement vieilles qu'il est impossible de comprendre qu'elles puissent vivre de la prostitution. Femmes observées : 529. Numéro 1 : 39, 7 %, numéro 2 : 116, 22 %, numéro 3 : 170, 32 %, numéro 4 : 205, 20 %, numéro 3 : 99, 19 % *. »

Cette manière obsessionnelle de faire des typologies de prostituées pour se protéger et pour se justifier a donné naissance à une école dans les années 1880 qui, venant d'Italie et de Russie et ayant pour chefs de file Lombroso, Ferrero et Pauline Tarnowsky, fait de la prostituée un être débile, arrêté dans son développement, dégénéré physiquement et psychiquement et affublé d'une hérédité morbide. A partir de la fin du XIXe siècle, ces anthropologues criminalistes ont eu des émules fort actifs en France. Pour eux la prostituée est à la femme ce que le criminel est à l'homme. Ils ont donc mesuré et découpé son corps pour en déceler les anomalies; ils en ont trouvé bien sûr : selon Lombroso et Ferrero chez toutes les prostituées les apophyses clinoïdes forment canal, les bases pariétales sont hypertrophiées, une grande irrégularité existe au niveau du trou occipital, le front est fuyant ou étroit, les os nasaux anor-

* Dr. Jeannel, *De la prostitution publique*, 1863.

maux, le prognatisme alvéolaire, la sclérose crânienne, les zygomes et les mâchoires énormes! Côté sexe aussi les surprises sont de taille. Elles ont, pour 2 % d'entre elles, un développement exagéré des poils aux parties sexuelles, une hypertrophie des petites lèvres dans 16 % des cas et un énorme clitoris pour 13 % d'entre elles. Pauline Tarnowsky, de son côté, a constaté un amoindrissement des principaux diamètres de l'encéphale de plusieurs millimètres qui s'explique par le fait que les prostituées auraient des têtes à diamètre plus faible : en découle donc un amoindrissement de son contenu et une différence notable dans la quantité du cerveau! Comment s'étonner alors de l'affaiblissement de leur intelligence et de leur anormalité psychique : « L'obtusité des unes est remplacée chez d'autres par un abrutissement plus prononcé et atteint chez quelques-unes d'entre elles un état voisin de l'idiotie *. »

Deux catégories sont donc créées : celle des prostituées à intelligence affaiblie où l'on distingue les obtuses et les insouciantes, et celle des névropathes où l'on trouve les hystériques et les impudiques...

Ne rien faire, ne pas penser, bouger le moins possible, être vautrée perpétuellement dans l'indolence et l'incurie, tel est le seul programme qu'elles peuvent constitutionnellement assurer. Elles vivent si peu conscientes d'elles-mêmes et du monde qui les environne qu'on ne peut les tenir pour responsables d'être devenues ce qu'elles sont, tant elles se sont laissé faire, par surprise ou par inertie sans vouloir s'en sortir... Comment comprendre cet acharnement à faire de la tératologie sur l'ensemble des

* P. Tarnowsky, *Etude anthropométrique sur les prostituées et les voleuses*, 1889.

prostituées si ce n'est par la peur de ce sexe dévorant qu'incarne par essence la prostituée ? Comme le dit Paul-Jean Cogniart dans sa thèse de science criminelle qu'il croit dénuée de passion : « Comment expliquer l'état mental de cette femme qui pratique journellement le coït, sans désir, des dizaines, des quinzaines de fois avec un individu quelconque, souvent pris de vin, mais présent et grossier ? Une telle femme se refuse même la prérogative des femelles animales qui, elles, conservent le droit de choisir ou de refuser le mâle * ? » Le sexe d'ailleurs est au centre de leur recherche. Le docteur Mireur, médecin sanitaire à Marseille, se vante d'avoir examiné plus de mille filles au speculum. Il a introduit dans leur vagin du papier tournesol qu'il a promené tant sur les parois vaginales qu'à l'orifice utérin pour tester les réactions acides ou alcalines au liquide vaginal. Parent-Duchâtelet avait déjà, dès 1836, examiné leurs parties génitales et avait été obligé de reconnaître qu'elles ne présentaient, sauf exception rarissime, aucune anomalie. A la suite des examens pratiqués sur plus de mille femmes, il n'a trouvé à Paris que trois femmes au clitoris trop développé et qui ont avoué qu'elles se livraient à la prostitution par besoin et non par débauche.

Santé de fer, sexe normal, âme insouciante... Raison de plus de s'en méfier. Ce n'est pas faute d'avoir essayé ! La litanie de la haine et du dégoût entretenue au nom de la science et de la morale s'égrène pendant tout le siècle de façon obsessionnelle : « La prostituée est, sauf quelques exceptions, une monstruosité : on peut rencontrer en elle la beauté de son sexe, elle n'en a plus ni la sensibilité ni la délicatesse. Ses sens sont émoussés par des

* Paul-Jean Cogniart, *La Prostitution – Étude de science criminelle*, 1938.

excès en tous genres; son caractère est aigri par la brutalité des hommes auxquels elle se livre. Son langage est provocateur et d'une licence stupide. Son cœur est sans amour; elle joue la passion sans éprouver le moindre désir, et toutes ses démonstrations ne sont que mensonge *. » Leur insensibilité morale et la force de leur constitution empêche la moitié d'entre elles de sombrer totalement dans l'hystérie. Le signe qui marque de façon distinctive leur aptitude tranquille au vice est le tatouage! Il intrigue les commentateurs qui voient en lui le symbole de leur asservissement définitif, comme si ces corps marqués de façon indélébile dans leur chair même avaient enfin une faille. D'ailleurs, plus les filles sont tatouées, plus elles sont vicieuses. Sur les épaules, sur les bras, entre les seins, au-dessus du sexe elles se font dessiner, par des marins ou des compagnes de prison des noms, des initiales, des cœurs transpercés, des têtes d'hommes, des devises, des roses, des anneaux, des mains qui s'étreignent, des étoiles, des drapeaux. Les tatouages sont des démonstrations éclatantes de leurs possibilités d'amour pour leurs amants et pour leurs enfants.

Car les prostituées ont aussi des qualités et notamment celle de reconnaître qu'elles sont méprisables! « Elles connaissent toutes leur abjection et en ont, à ce qu'il paraît, une idée bien profonde; elles sont à elles-mêmes un sujet d'horreur; le mépris qu'elles ont pour elles dépasse souvent celui que leur portent toutes les personnes vertueuses; elles regrettent d'être déchues, elles font des projets et même des efforts pour sortir de leur état, mais tous ces efforts sont infructueux et ce qui les désespère, c'est de savoir qu'elles passent, dans l'esprit de tout

* F.F.A. Béraud, *Les Filles publiques de Paris et la police qui les régit*, 1939.

le monde, pour la fange et la boue de la société *. »

Elles sont également bonnes, généreuses, solidaires, bonnes mères et bonnes nourrices. Dans certaines circonstances elles se dévoilent, notamment au moment de l'accouchement de l'une d'elles : elles se disputent alors les faveurs de la mère et de l'enfant, lavant le linge, se levant la nuit au point que la mère se trouve dépossédée de son bébé. La plupart gardent leurs enfants petits avec elles au bordel où ils sont l'objet de soins constants et de l'amour de toutes puis, quand ils grandissent, elles se saignent aux quatre veines pour les mettre dans des pensions chics et chères ou chez des nourrices à la campagne à qui elles cachent leurs activités. Elles éprouvent le même type d'attachement pour leur géniteur qu'elles couvrent de cadeaux dès qu'elles le peuvent. Et puis enfin, elles ont de la religion! Souvent, dans les chambres, entre la serviette et le peignoir est accroché un rameau de buis et un chromo représentant l'Enfant et la Vierge. Elles prient Dieu et vont à la messe dès qu'elles le peuvent. Quand la patronne de la maison Tellier ferme sa maison en laissant l'inscription « fermé pour cause de première communion », aucun client ne s'étonne. Au cours de la cérémonie, au moment de l'eucharistie, Rosa, Flora et Louise se mettent à pleurer : « Étreintes des mêmes souvenances lointaines, elles gémissaient aussi avec des torrents de larmes. » Léo Taxil a observé l'effervescence qui règne à Marseille dans le quartier des lupanars, dans le coin de Reboul au moment des processions. Tout prend alors une physionomie dévote à l'excès. Tous les bordels, même les plus petits et les plus pauvres, tapissent leurs murs de draps de lit sur lesquels sont

* F.F.A. Béraud, *op. cit.*

épinglées des fleurs; les guirlandes vont d'une maison à l'autre; au-dessus de la chaussée il y a, suspendus en l'air, de petits arcs de triomphe en feuillage, avec des rubans bleus et blancs, couleur de la Vierge Marie et, quand la procession passe, maquerelles et filles s'agenouillent avec ferveur et se prosternent devant le Saint-Sacrement ou la statue de la Madonne. Lorsqu'un curé s'aventure dans ces rues pour passer un quart d'heure de plaisir, il est hué par le personnel de toutes les maisons et s'il n'a pas eu la précaution de revêtir un costume laïque il est obligé de rebrousser chemin, toutes les filles faisant honte au malheureux. Les maquerelles le rappellent à la pudeur et lui refusent l'entrée de leur établissement. Les filles lui font les cornes et le traitent de cochon. L'infortuné est obligé de regagner sa cure *...

Les filles sont en général très solidaires les unes des autres, toujours prêtes dans les bordels à s'entraider, s'épauler, se consoler, se soigner. Se sentant abandonnées du monde entier, elles pensent que seules leurs compagnes d'infortune peuvent les comprendre et leur faire le don d'un peu de commisération. La profondeur de leurs sentiments éclate de façon impressionnante lors de la mort de l'une d'entre elles. Tous l'ont noté : une grande manifestation silencieuse s'organise alors pour accompagner la malheureuse au cimetière. Les filles des environs viennent s'agenouiller au pied du lit mortuaire et asperger le corps d'eau bénite. En sortant elles laissent une offrande pour le paiement de la cérémonie puis : « Le jour des obsèques, elles paraissent en foule, soit à la porte de l'hôpital, soit au domicile de la défunte, toutes vêtues de robes noires et coiffées de béguins blancs. Elles ont loué ces costumes au fri-

* L. Taxil, *op.cit.*

pier. Rangées deux à deux, dans un pieux recueillement, un livre de messe à la main, elles accompagnent à l'église et jusqu'au cimetière ce convoi qui n'est pas celui d'une malheureuse vouée au mépris public; salué par les passants, comme celui des dames de la ville, précédé par le prêtre et solennisé par la croix, c'est celui d'une chrétienne. Sont-elles réunies par un vague sentiment d'égalité devant la mort et devant la miséricorde de vivre? Toujours est-il qu'à l'aspect de leur sinistre procession de robes noires défilant derrière un christ d'argent et un cercueil, on se demande quelle est la congrégation qu'accompagne une sœur défunte au champ de la délivrance et du repos *. »

LA VIE QUOTIDIENNE

Dans les bordels la vie est collective, du réveil jusqu'au coucher. Impossible d'arracher des moments d'intimité. La vie quotidienne est une négation de l'individualité : les filles ne doivent rien avoir à cacher, ni leur corps, ni leur âme. Cette communion forcée de chaque instant peut évoquer paradoxalement la vie des couventines qui ont abdiqué, elles aussi volontairement mais au nom de Dieu, toute singularité de leur être. Les nuits peuvent aussi se partager car les filles n'ont souvent droit qu'à un dortoir où elles couchent à deux dans le même lit malgré les interdictions de la police. Pour que la vie soit tolérable il faut donc un minimum de gentillesse et un respect de l'autre. C'est bien ainsi que se déroule la vie quotidienne. Quand une nouvelle recrue débarque elle est littéralement happée par toutes les autres qui la noient de questions avant de l'accepter. Rite d'initiation qui per-

* Dr. Jeannel, *op. cit.*

mettra l'intégration ensuite dans le collectif de la troupe. Les filles, toutes différentes, semblables aux fleurs dans un bouquet, doivent, par leurs attraits, créer le charme et l'originalité de l'établissement. Chacune d'elle est censée représenter un échantillon du type féminin, propre à assouvir tous les fantasmes masculins : « Fernande représentait la belle blonde, très grande, presque obèse, molle, fille des champs dont les taches de rousseur se refusaient à disparaître ; Raphaelle, une Marseillaise, roulure des ports de mer, jouait le rôle indispensable de la belle Juive, maigre, brune avec des pommettes saillantes plâtrées de rouge. Ses cheveux noirs, lustrés à la mœlle de bœuf, formaient des crochets sur ses tempes... Rosa la rosse, une petite boule de chair tout en ventre avec des jambes minuscules, chantait du matin au soir, d'une voix éraillée, des couplets alternativement grivois ou sentimentaux, racontant des histoires interminables et insignifiantes, ne cessait de parler que pour manger et de manger que pour parler, remuait toujours souple comme un écureuil malgré sa graisse et l'exiguïté de ses pattes... Les deux femmes du rez-de-chaussée, Louise, surnommée Cocotte, et Flora, dite Balançoire parce qu'elle boitait un peu, l'une toujours en Liberté avec une ceinture tricolore, l'autre en Espagnole de fantaisie avec des sequins de cuivre qui dansaient dans ses cheveux carotte à chacun de ses pas inégaux, avaient l'air de filles de cuisine habillées pour un carnaval. Pareilles à toutes les femmes du peuple, ni plus laides ni plus belles, vraies servantes d'auberge, on les désignait dans le port sous le sobriquet des deux poupées *. »

A elles seules, un résumé d'humanité. Marque de la patronne, la juxtaposition des genres doit être à

* G. de Maupassant, *La Maison Tellier*, *op. cit.*

la fois cohérente et explosive : brunes, blondes, rousses, sveltes, potelées, maigres. Au physique comme au moral il faut « des tétonnières convenables » comme « des maigriottes à silhouettes de collégiens vicieux »; les filles gaies riant toujours devant se mêler aux rêveuses, les cyniques aux canailles, les brutales aux romantiques. Joue aussi l'origine géographique des filles : dans les bordels de province les filles viennent de différentes régions, dans les maisons de grande tolérance une « Négresse », une « Juive », et quelques étrangères dont des Hollandaises fort appréciées pour leur caractère et des Tunisiennes pour leur gaieté composent le bouquet sans oublier, denrée de choix, la vierge de service! « Une proxénète bien montée doit toujours avoir, pour satisfaire à toutes les exigences, sa vierge en réserve. Cette vierge-là est ordinairement une fille publique, malingre, chétive, nouée, aux cheveux coupés courts, vêtue en jeune ouvrière. Parfois même, pour donner à cette supercherie une grande apparence de réalité, on lui noircit la figure et les mains et on la fait passer pour la jeune fille d'un charbonnier du voisinage. Ainsi travestie, on l'introduit, à la chute du jour, dans une chambre à demi éclairée, près d'un vieillard impatient, qui paye très cher une pareille aubaine *. »

Dans les bordels de province à la clientèle stable il est demandé aux filles d'avoir de l'audace, un physique et un tempérament. Les filles hilares au décolleté vertigineux ressemblant à des poupées sont appréciées mais pas autant que les amoureuses expertes, les travailleuses à la chaîne du vice comme, par exemple, Angelina la teigne « épatante au travail, elle remue les puces aux clients et réveillerait

* F. Carlier, *Les deux prostitutions.*

un mort *. » La fille aux allures de première communiante qui rougit à tout bout de champ présente l'avantage de débrider les instincts les plus timides tandis que la femme à l'aspect un peu revêche, col montant, robe d'institutrice, est recherchée par la grande masse des indécis qui sont séduits par son apparence protectrice : « Maternelle, celle-là, me soufflait Philibert dans l'oreille, excellente pour déniaiser les lourdauds de campagne, ceux qui veulent et qui n'osent pas. Excellente aussi pour expédier les poivrots, l'air teigne, mais bonne comme le pain, borderait les clients dans leur lit. Une sœur de charité manquée. C'est elle qui nous soigne, quand nous sommes malades **. »

Entre elles règne une atmosphère faite de douceur, de peines et de secrets partagés. La vie commune les rapproche et leur quotidien est tissé des mêmes espoirs, des mêmes fatigues, des mêmes révoltes. Elles partagent tout, quelquefois les clients et souvent les nuits. Quand le dernier client est parti, quand le silence et l'obscurité se font enfin dans la maison, elles regagnent leur dortoir. Le contraste est grand entre le luxe et le baroque des chambres d'amour et l'austérité des chambres de sommeil. Là pas de superflu : rien que des lits. Pas ou peu d'hygiène comme l'affirme Coffignon en 1888 après des visites dans les maisons closes . Une odeur de chambrée, des fenêtres grillagées *** : « Dans la vaste pièce mansardée, sous les combles, couchent trente-six femmes, à raison de deux par lit. Les peignoirs de couleur tendre pendent à la tête du pajot et les casiers à chapeau sont superposés sur la planche, comme est

* J. Lorrain, *op. cit.*
** *Idem.*
*** Par arrêté municipal.

figuré le paquetage des trouffions sur les images de la vie de garnison *. » Les dortoirs sont situés dans les combles. L'hiver il fait froid, l'été il fait chaud. Les filles l'appellent le poulailler dans les bordels bourgeois et petits bourgeois et bahut dans les bordels luxueux (mais le luxe du bas n'empêche pas la misère du haut) : « Qu'on s'imagine un galetas meublé de deux ou trois lits de fer où les filles couchent quelquefois par deux. De grandes bassines de fer blanc pleines d'eau sale indiquent de quelle façon s'opère la toilette des femmes. Le long des murs où le papier pend en loques on aperçoit de longues traînées de flammes ayant servi à faire le noir de fumée grâce auquel s'opère économiquement le maquillage **. »

Dans les estaminets, les filles travaillent et dorment souvent dans la même chambre. Quelquefois, dans ces bordels de basse catégorie, l'homme obtient, moyennant finance, de s'endormir avec la fille. Hébétés par l'alcool ou repus de jouissance ils attendront l'aube se lever. Cette peur-là qui les étreint, cette peur comme elles disent d'être saignées, elles l'ont confié à Francis Carco : « Que de filles ont eu peur, dans leur nuit de débauche, de l'homme qui, allongé contre elles, ne dormait pas : elles lisaient, sur son visage, la sournoise ou bestiale passion d'imposer plus qu'une morne extase à leur regard soumis et à leurs traits flétris par la fatigue ***. »

Dans les maisons qui font café, dans les quartiers militaires ou dans les ports, les filles n'ont le droit d'aller se coucher qu'au petit matin, une fois le

* A. Coffignon, *La Corruption à Paris*, 1888.
** *Idem.*
*** F. Carco, *L'Amour vénal.*

dernier ivrogne parti. Sadisme de la maîtresse de maison qui espère jusqu'au lever du jour l'arrivée d'une bande de clients ? Sans doute. Les filles lui appartiennent, les filles avec leur corps, leur temps. Alors, comme des rescapées, elles s'organisent pour voler un peu de sommeil avant d'avoir l'autorisation de s'allonger là-haut, loin des odeurs de tabac et du vacarme : « ... On voyait les femmes avec des mouvements endormis, ayant et l'affaissement et la couleur grisâtre d'un battement d'aile de chauve-souris blessée, s'envelopper de tartan, de vieux châles, de la première loque qui leur tombait sous la main, cherchant les banquettes au pied desquelles il y avait moins de crachats. Là-dessus elles s'allongeaient inertes, brisées, épandues, ainsi que des paquets de linge fripé, dans lesquels il y avait la déformation d'un corps qui ne serait plus vivant. Aussitôt elles s'endormaient et, endormies, elles étaient de temps en temps réveillées par leur propre ronflement. Un moment retirées de leur trouble rêve elles se soulevaient sur le coude, regardaient stupides *. »

Salissure et dégoût de l'aube dans les maisons closes. Relents d'alcool, odeur de bêtes repues, reliefs de fêtes mécaniques, tous traces d'un désastre qu'on voudrait oublier : « Des carapaces d'écrevisses vidées, des bouquets fanés, des flacons qui sentent encore les parfums écœurants que le vice met sur sa puanteur... Ça et là quelques fausses notes... Des restes de fard... Toutes les rinçures de l'alcôve publique **. »

Les filles se lèvent tard, vers dix, onze heures du matin. Confidences, baisers, petites douceurs. Elles

* E. de Goncourt, *La Fille Élisa*, *op. cit.*
** A. Bruand, *Les Bas-fonds*, *op. cit.*

quittent la chaleur du lit pour descendre à la salle à manger. Souvent c'est le cliquetis des clefs de la sous-maîtresse qui les tire de leur lourd sommeil. Autour de la table babillages, commentaires sur les événements de la nuit précédente, sur l'argent acquis la veille. On traîne, on s'étire, on fume des cigarettes. Les filles s'installent ensuite dans le petit salon. Toutes en peignoir, elles ont alors coutume de coudre, de faire du crochet, de lire le journal, de se raconter des histoires. Quiétude et ennui de l'atmosphère d'un pensionnat. « Elle tricotait toute l'après-midi, à demi-couchée sur le divan, ayant grand soin de retirer ses pieds de dessus l'étoffe quand elle entendait Madame trottiner dans le couloir; la patronne ne tolérait pas ces poses qui, disait-elle, blessaient la bienséance et le repos *. » Vers quatre heures, la sous-maîtresse leur demande de faire leur toilette. Crème, onguents, maquillages, va-et-vient continuel. On se regarde, on s'inspecte. Les filles passent beaucoup de temps à se laver, à prendre soin de leur corps. Puis arrive le coiffeur. Vive le merlan qui est toujours accueilli avec des cris de joie. « Le petit réchaud à chauffer les fers est allumé, installé en un clin d'œil sur la table. Déjà les femmes, à la mine mendiante d'enfants demandant qu'on leur conte des histoires, se pressent contre le jeune homme en toupet, en escalade **. » Le coiffeur est payé directement par la tenancière. Les frisures, les poses de postiches, les applications de teinture sont en supplément. Il n'est payé qu'à moitié prix, condition de son privilège. Vient ensuite le moment de l'habillage, moment important, cérémonieux. La maîtresse de maison donne toujours son avis, inspecte l'armoire à glace, conseille certains bijoux et en profite pour faire ses commentaires sur

* E. Goncourt, *La Fille Élisa*, *op. cit.*
** *Idem.*

la soirée qui s'annonce : « Surtout n'est-ce pas ? Il faut être bien aimables avec le monsieur à favoris d'hier soir. C'est un homme très bien, qui a de l'argent; celle qui saura le prendre, il lui paiera ses dettes et la mettra dans ses meubles. Vous verrez ce que je vous dis *. »

Et toujours palpite en elles l'attrait du départ, l'hypothèse du changement de vie. La maison close n'est qu'une escale, les filles sont toujours en partance, séquestrées dans ces murs, sans argent, sans effets. Car rien ne leur appartient. Ni les vêtements, ni les bijoux, ni les draps. La maîtresse doit normalement aux filles logement, nourriture, combustible, lumière, linge, habits intérieurs, coiffure et entretien. En réalité, elle fait payer le tout. Les filles sont donc obligées d'emprunter en permanence et se trouvent endettées à l'instant même de leur arrivée car les frais de voyage sont à leur charge. A Paris les tenancières font crédit sous forme de billets qui peuvent atteindre des sommes de 2.000 francs, voire 4.000 francs! Les filles sont tenues, par des avances nécessaires, pour des fournitures de luxe, les cadeaux obligatoires, les consommations de gourmandises. Car l'économie de la maison close fonctionne en circuit fermé : tout vient et tout retourne au bordel. La maîtresse vend tout : elle est couturière, lingère, cordonnière, parfumeuse et elle vend tout cinq à huit fois plus cher que dans le commerce. Voici, à titre d'exemple, les chiffres que donne un inspecteur des mœurs à Paris, Louis Fiaux, pour un trafic pratiqué dans une maison bourgeoise :

Prix d'une chemise de soie :

Dans un bordel 190 francs la même au Bon Marché 25 francs.

Prix d'une paire de souliers :

* P. Adam, *Chair molle*, *op.cit.*

Dans un bordel 50 francs la même au Bon Marché 12 francs.

Prix d'une paire de jarretières :

Dans un bordel 35 francs, la même au Bon Marché 6 francs.

Les filles peuvent rarement acheter : elles louent donc, moyennant un versement hebdomadaire de 20 à 50 francs, des habits ; ce que la maîtresse appelle pompeusement peignoir, soit un vague morceau de tulle qui vaut réellement quelques sous, coûte ici 60 francs... rien n'est gratuit, ni les bas, ni même le ruban des cheveux, ni le blanchissage. Souvent la fille n'a droit qu'à une paire de draps tous les quinze jours et elle doit payer si elle veut les renouveler plus souvent. Le jour de son arrivée elle n'a que des dettes déjà accumulées dans une autre maison que sa nouvelle patronne a peut-être décidé d'éponger. Le jour de son départ elle ne dispose toujours de rien, si ce n'est d'une ardoise qu'elle espère voir effacée par sa prochaine maîtresse. Seuls les vêtements qu'elle porte sur elle lui appartiennent en propre. Peu de chose comme le confirme Jacques Terneau qui, sur des registres d'écrou, a pu retrouver ce qu'elles déclaraient posséder : « Marie, 19 ans en 1833, porte une robe bleue, un mouchoir vert, un tablier rouge ; Marie 32 ans porte, en 1833, une robe blanche en coton, un tablier rouge à carreaux rouge et blanc, un mouchoir rouge de coton, une camisole de couleur violette. »

Dans le bordel la fille ne voit jamais la couleur de l'argent qu'elle gagne. En province elle touche « les gants », c'est-à-dire les cadeaux des clients plus un pourcentage sur le montant de la passe qui s'élève souvent à la moitié mais qui sert à rembourser ses dettes et à payer la pension mensuelle. Tous ces comptes s'effectuent grâce aux jetons : la fille, en montant avec le client, dépose le jeton dans une tirelire fermée par un cadenas; ce dépouillement est fait chaque matin puis reporté sur le livre de comptes mais la patronne a toujours la possibilité de tricher en faisant « sauter la passe ». A Paris les filles touchent généralement directement le prix des passes mais toute l'habileté de la tenancière consiste à leur faire dépenser leurs gains à l'intérieur de la maison : pourboires aux domestiques, tournées de bourgogne ou de champagne, anniversaire de la maîtresse de maison, parures de bijoux, gourmandises en chocolat...

A cinq, six heures les filles descendent toutes dans la salle à manger pour le second repas de la journée, le plus copieux, le plus long, présidé par le patron et la patronne dans une ambiance souvent bon enfant : « ... Non, si ce n'est pas un plaisir de voir une tablée comme ça! Rien que des mines aimables et des chairs ragoûtantes, cinq jolies filles, et chacune épatante dans leur genre (il en faut pour tous les goûts), une patronne mascotte... Eugénie, la pensionnaire aux allures de sous-maîtresse, venait de servir des poulets de grain; on avait déjà décoiffé cinq bouteilles *. »

Dans les grandes maisons ou dans les bordels petits-bourgeois provinciaux, on mange bien et copieusement car on tient aussi les filles par la « bouche ». Dans les petites maisons, tenues par des maîtresses avaricieuses, l'alimentation peut être inacceptable et la viande avariée. Dans une maison de Montparnasse, une patronne nourrit ses pensionnaires uniquement avec des sardines et du museau de bœuf. Les filles s'étant plaintes au bureau des mœurs, la maison doit fermer.

Après le dîner, souvent bien arrosé, les filles

* J. Lorrain, *op.cit.*

montent s'habiller. La police détermine le costume selon les maisons. Cela dépend de la qualité de leurs relations avec les maîtresses de maison. Dans certains les filles peuvent être très déshabillées, dans d'autres cela leur est interdit. Elles ont souvent des maillots avec des corsages caparaçonnés, des tuniques ouvertes sur le côté, dévoilant leur nudité, des peignoirs entrouverts sur des jarretelles aux bas bien tirés, des chemises transparentes. Presque toutes se fardent les joues et les lèvres. Certaines se noircissent les cils et les paupières avec une allumette brûlée. Quelquefois, très maquillées, elles se présentent complètement nues :

> « Elle s'épanouit très grasse, au fond d'un [bouge,
> Dans la splendeur de sa colossale beauté,
> Toute nue étalant sur un canapé rouge
> Son large flanc de rousse au derme [velouté *. »

L'ATTENTE

Elles attendent. Elles attendent le client en buvant pour tuer le temps. En province la maison ouvre vers huit heures et ferme vers minuit. Dans les grandes tolérances parisiennes l'activité bat son plein à partir de 23 heures. Dans les maisons petites bourgeoises, où l'activité de café a commencé dès l'après-midi, les filles viennent s'asseoir à côté des clients, boivent et parlent avec eux de longs moments avant de « monter ». Ici le salon n'est pas un lieu de démonstration érotique, mais bien un espace de rencontre, une oasis de rêverie et de douceur où il fait bon discuter, fumer, et boire : « Un officier fit sauter

* J. Ajalbert, *La Rousse*, fragment, 1886.

le bouchon d'une bouteille. Les femmes crièrent; à grands flots la mousse s'épancha dans les flûtes. On trinqua. Puis il y eut un silence à peine interrompu par le tintement des verres qu'on remplissait de nouveau. Les officiers causaient entre eux, sans s'occuper des femmes; un étudiant lissait d'une main ses longs cheveux, promenait l'autre, dans une caresse lascive, sur ses voisines Germaine et Emilia qui étaient revenues au salon *. » Les filles font boire et boivent. Il leur est interdit de monter sans avoir fait consommer et grâce au système de jetons enrichissent à chaque verre la tenancière qui fait ainsi des bénéfices considérables. Le champagne et le bourgogne sont les consommations les plus courantes. Dans les maisons de premier ordre, l'absinthe coûte 3 francs, le champagne 20 à 30 francs et le bourgogne 10 francs le demi-litre. Quelquefois les filles sont à l'amende si elles ne consomment pas et elles déjouent la surveillance de la patronne en avalant de l'eau salée. Il existe des maisons où des tables à double fond, permettant aux filles de jeter l'alcool subrepticement, ont été aménagées pour mieux faire consommer le client dans une atmosphère de confiance.

Quand des clients débarquent à plusieurs, la méfiance est de règle. La sous-maîtresse ouvre la porte souvent fermée à double tour avec judas grillagé, et les inspecte. En cas de problème, elle appelle la tenancière à sa rescousse. Sont dangereux les bandes de jeunes gens avinés, en colère, les marins en permission, qui ont souffert de leur chasteté forcée, les clients floués qui reviennent sur les lieux du crime syphilisés ! Les incidents sont rares, mais certains peuvent prendre mauvaise tournure. Ils sont généralement longuement prémédités : « Les conju-

* P. Adam, *op. cit.*

rés se sont rangés sans bruit le long de la muraille; l'un d'eux a frappé discrètement à la porte qui lui a été ouverte sans défiance. Aussitôt les autres se sont précipités; les prostituées au nombre de six, la matronne, la sous-maîtresse, toutes ont été criblées de coups de poing, de coups de pieds, jetées en chemise dans la rue et roulées dans le ruisseau *. »

Les plus pacifiques s'installent dans le salon et procèdent à de nombreux préliminaires : ils offrent à ces dames du champagne ou des petits verres de liqueur, surtout de la menthe et de la chartreuse fort appréciée dans les maisons. Ils font durer le maraîchinage le plus longtemps possible. Enfin, après quelques invitations réitérées de la sous-maîtresse de maison, quelques messieurs montent avec les dames qu'ils ont choisies. Les filles délaissées passent dans un nouveau salon et recommencent avec les suivants, laissant seuls les « flanelles » pour partir à la recherche du michet.

Quand un client arrive seul pour la première fois la cérémonie n'est pas la même : après l'inspection pratiquée par la sous-maîtresse à la va-vite, elle crie à la cantonade : « Fermez les portes. » Les autres salons occupés sont alors fermés pour permettre à chacun un parfait anonymat. Toutes les filles abandonnent sur place leurs « flanelles » et accourent dans le plus grand salon, le plus beau de la maison où elles se dandinent en mimant des raffinements de volupté à l'adresse du nouveau venu qui, s'il est sérieux, s'est renseigné auprès de la sous-maîtresse des spécialités de chacune. Quelquefois les clients les plus jeunes n'ont pas les moyens de s'offrir une fille. Ils viennent alors en bande, ouvriers, soldats ou commis de magasin, après s'être cotisés pour réunir

* Dr. Jeannel, *op. cit.*

le prix d'une passe. Ils remettent cette somme à la sous-maîtresse qui va chercher un jeu de carte qu'elle distribue à tous. Celui qui tire l'as de cœur monte avec la fille. Cela s'appelle « faire l'as de cœur ». Bien souvent l'heureux élu a glissé une pièce dans la main de la sous-maîtresse !

LA MALADIE

Les filles éprouvent sans cesse la peur d'attraper la syphilis. Elles savent qu'elles n'ont guère la possibilité d'y échapper, en parlent entre elles et s'en font des représentations terrifiantes. Atteignant leur sexe, la maladie cachée dans le tréfonds de leur être peut, si elle est découverte, les empêcher de travailler. Elles n'ont de toute façon aucune possibilité ni de se rebeller ni de se refuser. Mais comment savoir si le client est infecté ? La sous-maîtresse a bien essayé de faire parler et de palper le client mais ce n'est pas suffisant. La plupart des pensionnaires font ce qu'on nomme joliment « du badinage indécent », histoire de se renseigner avant de passer aux choses sérieuses, mais le client n'est pas obligé de dire la vérité. Restent les véritables mesures de sécurité préconisées dans certaines maisons : les palpations. « Cette palpation sommaire de l'organe sexuel de la part d'une femme qui n'est pas médecin et qui doit faire cela soixante-dix fois par jour – outre qu'elle n'est pas pratiquée par les médecins, et que, là où elle est recommandée, la femme finit par se lasser de cet exercice dégoûtant, n'a pas l'ombre d'un examen médical sérieux », avoue le docteur Haïddar *. Alors, comment faire ? Surveiller inlassablement par des visites médicales l'état de

* Dr S. Haïddar, *La Prostitution, La Traite des femmes et des enfants*, 1937.

santé, s'arrêter pour se soigner ou – fatalisme, inconscience ou désir de rentabilité – faire comme si de rien n'était... Bien souvent, dans ce cas, la prostituée continue à travailler et la maîtresse se fait un plaisir de maquiller savamment les organes génitaux des filles infectées avant la visite du médecin! Les pensionnaires, en effet, sont considérées comme des bêtes à plaisir qui ne s'arrêtent jamais. Pendant leurs règles, période propice à la transmission des germes par le sang, elles continuent à travailler sans relâche. Pendant leur grossesse, elles sont assaillies de demandes jusqu'à l'accouchement car leur état, semble-t-il, érotise bien des rapports... Ouvrières de l'amour elles n'ont droit à aucun repos : « C'est la cause sexuelle, sans relâche, sans haleine. C'est le défilé de tous les animaux humains qui viennent là, les uns après les autres, épancher leurs besoins, exercer leur bestialité. Ruée dans l'anonymat commode leurs chairs de tous âges, de tout poil, de toute odeur contre la chair de la même femme. A tous il faut donner son corps et son visage. Pas de répit, pas de recul *. »

Les visites médicales – encore se font-elles contre le gré des maîtresses de maison qui résistent – ont lieu à l'hôpital ou au dispensaire. Les visites sanitaires ou dispensaires sont généralement hebdomadaires et le plus souvent gratuites. Les filles redoutent terriblement ces inspections. Si elles sont reconnues malades, elles sont gardées par les médecins pendant plusieurs semaines dans des conditions de vie et d'hygiène assez effroyables **. La pratique des visites extérieures se généralise vers la fin du siècle. Auparavant elles se déroulaient dans les maisons au rythme de trois, quatre fois par mois.

* L. Fiaux, *Les Maisons de tolérance*, *op. cit.*
** Comme nous le verrons dans le chapitre III.

Elles étaient effectuées par un médecin nommé et rétribué par la municipalité qui était accompagné d'un agent du service des mœurs et quelquefois d'un médecin militaire. Les agents des mœurs sont chargés, d'après l'article 28 du règlement, « de seconder le médecin de service avec déférence et empressement »... « Au fur et à mesure que les femmes sont visitées, ils apposent sur leurs cartes respectives, en même temps que sur le cahier de section, un timbre indiquant leur état de santé et la maladie, suivant que le docteur garde le silence ou fait connaître à haute voix le diagnostic de la lésion constatée. Car c'est simplement en indiquant la nature du mal que le médecin inspecteur prononce l'arrestation de la femme malade *. » Après la visite, les agents doivent aller à la mairie remettre entre les mains du secrétaire comptable, qui, seul, en a la clef, la boîte dans laquelle le docteur a déposé les jetons, jetons qui correspondent au nombre de filles habitant dans la maison... La fille reconnue syphilitique est emmenée alors directement à l'hôpital, encadrée par des infirmiers, souvent au milieu des hurlements et des vociférations.

« Un agent parut sur la dernière marche, et derrière lui, deux hommes en tablier blanc s'avancèrent vers la fille. A leur vue elle se recula. Une colère, brutalement, l'envahit contre Madame qui l'abandonnait. Ses muscles se tendirent, elle prit son élan pour s'élancer sur la patronne, hurlant : “ Tu me le paieras. C'est de ta faute, grosse vache ! Tu recevais toutes sortes de crapules dans ton ignoble boutique. Oui, c'est de ta faute, je te la ferai fermer ta sale boîte : tu y as reçu des enfants qui n'avaient pas dix-sept ans ! Attends un peu que je sois guérie, tu en verras de rudes, toi et ton grand maquereau. ” Les hommes en tabliers blancs descendaient en l'emme-

* H. Mireur, *op. cit.*

nant, tâchaient de maîtriser ses brusques mouvements *. »

LE DÉSIR

Dans la maison close, la fille doit tout savoir faire : savoir exciter le client, savoir le faire jouir, savoir le faire revenir. Pour les débutantes des cours sont organisés par cette étrange caste qu'on appelle les essayeurs qui viennent de l'extérieur et qui jamais ne s'installent dans la maison : « Les essayeurs sont nourris à grand renfort de bifsteack saignant et de bordeaux de première marque à chaque repas et reçoivent en outre 15 à 20 francs par jour. En dépit de ce régime reconstituant, ces misérables comparses de la débauche raffinée s'épuisent, dépérissent à vue d'œil et vont mourir dans un hôpital après quelques mois d'expérience **. » Pauvres chéris qui n'arrivent pas à assouvir le désir, par définition insatiable, de ces filles qui sont représentées à la fois comme des vampires maléfiques aspirant le sperme et l'énergie vitale d'hommes souvent plus faibles qu'elles et comme des instruments de travail dont on peut abuser mais qui ne s'usent jamais.

La clientèle est constituée de plusieurs catégories qui, selon l'emplacement des maisons et leur richesse, viennent régulièrement. Des typologies d'ailleurs ont été dressées, qui permettent d'affirmer que la prostitution répondait à un besoin social. Ainsi Félix Regnault ***, en 1906, divisait la clientèle de la sorte :

« – Les débauchés qui aiment les changements,

* P. Adam, *op.cit.*
** L. Taxil, *op. cit.*
*** Dr Félix Regnault, *L'Évolution de la prostitution*, 1906.

et dont les désirs exigent des excitations que ne peuvent guère leur fournir que des femmes expertes;

– les timides et les débutants qui n'osent pas encore courtiser les femmes;

– les disgracieux de nature;

– les hommes mariés à des femmes malades qui ne peuvent les recevoir et surtout la multitude de ceux qui ne sont pas assez fortunés pour fonder un mariage ou entretenir une maîtresse. »

J'ajouterai à cette liste la multitude des hommes mariés dont les femmes ne sont pas malades, mais avec qui l'acte de chair n'a pour but que la procréation, et comme mode d'exécution que la rapidité! Sans oublier celles qui imposent à leur conjoint la continence sexuelle. Comme le dit le proverbe adressé aux jeunes épousées : « Si tu ne veux pas que ton mari coure, casse-lui les jambes ». La prostituée a une fonction de soulageuse sexuelle, d'initiatrice et de libertine. Selon un sondage de Flexner, 33 % des hommes ont fréquenté des prostituées avant le mariage. La catégorie des militaires et celle des jeunes gens arrive en tête dans les villes comme à la campagne. Ils sont de tous milieux mais plutôt employés ou fils de milieu aisé. Ce sont ceux que les filles préfèrent : ils sont gentils, gais, prévenants et peuvent même quelquefois tomber amoureux comme ce jeune homme prénommé André qui s'éprendra passionnément de Violette, une prostituée exerçant dans une maison close de la ville du Mans en 1914. André fréquente la maison de la rue des Pans de Gorron où il rencontre Violette, de son vrai nom Gabrielle. Ils s'écrivent tous les jours et, devant l'impossibilité de changer leur destin, décident de se suicider ensemble en avalant de la cocaïne et du champagne. André laisse un mot : « Nous nous donnons la mort ». Il tire au pistolet sur

Violette mais la manque et retourne l'arme contre lui. Après la mort d'André, Violette sera renvoyée. L'enquête conclura au suicide par « érotisme et alcoolisme » mais on apprendra aussi qu'André devait quelques jours plus tard se présenter au conseil de révision... Amour ou peur de l'armée, on ne saura jamais *... L'affaire de l'assassinat de la femme Renaud, une prostituée qu'un homme aimait et qui ne voulait pas tout quitter pour partir avec lui, défraya elle aussi la chronique. Après avoir essayé de la tuer, l'homme retourne l'arme contre lui, ce qui permet à Alphonse Esquiros, chantre de la prostituée, qu'il considère comme une héroïne des temps modernes, d'écrire : « Eh bien! Une femme proscrite, conspuée, honnie est plus avancée que vous, mes belles colombes : elle a trouvé l'amant parfait, l'amant qui, tendre, soumis, suppliant, infatigable, finit par se tuer lui-même quand il n'a pu vaincre les rigueurs et les infidélités de sa maîtresse **. »

Les relations client/prostituée ne sont pas toutes, pour autant, teintées de tant de passion et de jalousie morbide, mais elles échappent, pour une part, aux clichés tant de fois rabâchés : dans les maisons bourgeoises il n'est pas rare qu'un attachement véritable se crée entre les deux partenaires, un lien fait d'habitudes, de douceur et même de respect. Edmond de Goncourt, si soucieux d'écrire dans *La Fille Élisa*, un reportage bien plutôt qu'une œuvre romanesque, l'a bien noté en observant les clients soldats : « Pour le soldat, la prostituée reste une femme... Le soldat l'aime avec jalousie. Le soldat partage avec elle son sou de l'État. Ce soldat la promène avec orgueil. Ce soldat lui écrit. » Les paysans

* *Cf.* J. Terneau, *op. cit.*
** A. Esquiros, *op.cit.*

éprouvent le même type de sentiment : la fille est plutôt une maîtresse, une amie qu'une mécanique d'amour, un « égout séminal » : « ...Pour ces paysans, sur le corps desquels la tunique a remplacé la blouse, ces créatures avec le linge fin qu'elles ont au dos, avec leurs cheveux qui sentent le jasmin, avec le rose de leurs ongles au bout de mains qui ne travaillent pas, avec l'enlacement de leurs gestes, avec la douceur chatte de leurs paroles, avec ce fondant de volupté qu'on ne trouve pas au village, ces créatures entrevues dans le feu du gaz et des glaces, et comme servies par l'établissement dans une espèce d'apothéose, ont la fascination des grandes courtisanes et des comédiennes sur les autres hommes *. » Cette tendresse constitue sûrement une des composantes essentielles du lien unissant les deux partenaires. Le plaisir s'enrobe de prévenances, d'habitudes. Mais que se passe-t-il réellement dans la tête du client ? La gentillesse caressante peut n'être qu'une apparence... ou le reflet des fantasmes des écrivains. N'oublions pas non plus que le fait même de payer engendre aussi la jouissance. Toujours est-il que dans les bordels de petites villes, les filles apparaissent comme des confidentes, de vieilles connaissances rassurantes, avec qui il fait bon se retrouver autour d'un feu puis au lit. Avec elles on vit de petites histoires d'amour. On les embrasse sur les deux joues, on se tient au courant de leurs histoires de famille, des maladies et, au fil du temps, le rapport/client prostituée se transforme en rapport petit-bourgeois/femme entretenue. A chacun sa chacune, telle semble être la devise de la maison Tellier où des couples, avec le temps, se sont formés : monsieur Vasse, le juge au tribunal de commerce, avec Madame, monsieur Paulin, l'ancien maire avec Rosa, monsieur Pimpesse, le percepteur, avec la

* E. de Goncourt, *La Fille Élisa*, *op. cit.*

grande Fernande, monsieur Tannerveau, le saleur, avec Raphaële. Le bordel reste aussi, mais ce n'est un secret pour personne, le lieu où viennent se faire dépuceler les jeunes gens de la moyenne et de la petite bourgeoisie, malgré l'interdiction édictée par les règlements; l'endroit oû viennent s'apaiser les tensions occasionnées par une continence sexuelle forcée, comme dans tous ces bouges à marins et soldats que Carco a si magnifiquement décrits. « Dans les villes maritimes, près du port aux sirènes stridentes, n'y-a-t-il pas comme le déchirement du départ joint à l'amour des filles? Elles en sont, pour ainsi dire, parées et ce n'est pas là leur moindre charme. Rappelez-vous, jusque dans ces maisons silencieuses et à la fois pleines d'un bruit de danses et de chansons, le hurlement jeté par le transatlantique quittant la rade. La plus bornée des filles s'arrête soudain de rire. Elle écoute, elle dresse la tête et, comparant au fond obscur de sa détresse la vie qu'elle mène avec celle qui, là-bas, sur la mer, trace sa voie et ses espoirs, l'infortunée tressaille et voudrait oublier *. »

Les hommes préfèrent les femmes potelées de taille moyenne. Les grandes et les grosses attirent beaucoup moins leurs faveurs. Les brunes à la peau délicate sont plus recherchées que les blondes estimées fades. Les brunes aux yeux bleus obtiennent un succès fou. Les clients aiment les femmes bien maquillées avec les yeux faits et les lèvres bien rouges. Les vieillards sont les clients les moins exigeants et ceux que les filles aiment le moins... Elles n'ont pas, faut-il le préciser, le droit de choisir et doivent accepter les *desiderata* les plus étranges. Que se passe-t-il une fois l'escalier monté, la porte de la chambre fermée? Rares sont ceux qui abordent un

* F. Carco, *L'Amour vénal*, *op. cit.*

tel sujet : les plus poètes d'entre eux évoquent les voluptés de l'érotisme et le goût des matins blêmes dans les bras d'une fille. Les autres parlent plus prosaïquement du nombre, du type de rapports et de l'évolution des mœurs. En moyenne une fille fait quatre à cinq passes par jour dans une maison de deuxième ordre, mais les moyennes n'ont guère de sens, car les jours de pointe, comme les fins de semaine ou, en province, les jours de foire ou de grand marché à bestiaux, les records sont battus. Dans les grandes tolérances, les filles ont au moins quatre hommes par nuit et « font » sept à huit clients par jour. Dans les maisons petites-bourgeoises, les filles peuvent faire tapisserie des jours durant, mais travailler intensément en début de mois, au moment de la paie, où il n'est pas rare qu'elles reçoivent une quinzaine d'hommes par jour. Les jours de tirage au sort, pour le conseil de révision, provoquent un afflux considérable de jeunes gens dans les maisons : les maîtresses, pour faire face, font alors appel à des renforts. Ainsi, à Levallois, « ces jours derniers, le jour du tirage au sort, c'était un spectacle navrant offert par ces malheureuses, plusieurs d'entre elles se montraient aux fenêtres nues et insouciantes *. »

Les prix varient énormément selon la classe et la notoriété des maisons. Ils peuvent aller de 10 francs la passe dans un bordel de luxe à 3 francs la nuit dans un lupanar de province au début du XXe siècle. Les tarifs, suivant les catégories, sont à peu près équivalents dans toutes les régions de France et subiront une augmentation avec la guerre de 14–18 pour ensuite redescendre. Mais tous les « services » n'offrent pas les mêmes avantages. A la maison Tellier, par exemple, monsieur Paulin n'a pas besoin de

* J. Terneau, *op. cit.*

sophistications : vite satisfait, vite repu... Il n'en va pas de même avec tous les clients et, en règle générale, comme l'affirme Louis Fiaux : « A la maison tout est permis. » La masturbation labiale est pratiquée par huit clients sur dix, selon Taxil, et les coïts anaux très fréquents. Les filles le savent et n'ont pas le droit de s'en plaindre.

Dans les bordels les plus riches, la luxure et la débauche augmentent tout au long du XIXe siècle et les raffinements et les excentricités les plus extrêmes s'y donnent libre cours, faisant de ces lieux, comme le disaient les moralistes, des temples à perversion : la demande la plus banale, la plus couramment exprimée, consiste à monter avec deux, voire trois filles. Elle émane, semble-t-il, d'hommes qui ont une apparence sérieuse et austère, et qui sont d'un âge certain. D'autres ne peuvent jouir qu'à certaines conditions qui leur sont ici toujours accordées : « Des hommes poussent la luxure jusqu'à la saleté, se faisant embrasser non seulement les parties génitales mais encore l'anus. D'autres se livrent sur les femmes à des embrassements analogues. Il en est qui, pour se disposer à l'acte vénérien, ont absolument besoin de se faire fustiger, et souvent avec la plus extrême violence. Il n'est pas un lupanar aristocratique qui ne possède des verges spéciales pour cette flagellation. Quelques-uns veulent rouer de coups la femme avec laquelle ils montent... Certains de ces maniaques ne se contentent pas de se faire fouetter jusqu'au sang ; il faut encore qu'ils se fassent enfoncer, sous la peau des testicules, de longues épingles en argent. On m'a même affirmé qu'il y en a qui demandent que la femme, experte dans ces horreurs, leur fasse de légères incisions avec un canif *. » Dans cette étrange galerie de passionnés citons aussi ceux qui ont besoin d'ome-

* L. Taxil, *op. cit.*

lettes brûlantes sur le corps pour jouir (le cas n'est pas si rare!), les stercoraires platoniques ou actifs, c'est-à-dire avec ou sans tabouret, ceux qui réclament les « pattes d'araignées », spécialité de caresses particulières hautement prisées, sans oublier ceux qui ont besoin de se faire pendre ainsi que la tribu des renifleurs et des épongeurs. Les maisons disposent de tous les accessoires : les fouets, les cordes, les tables transparentes, les chiens et, pour les plus chics d'entre elles, car il s'agit d'une denrée rare, les hermaphrodites. La plupart des observateurs s'accordent à constater que la demande sexuelle des riches se transforme progressivement : la consommation de l'acte de chair est délaissée au profit de la jouissance par la vue. Certes, de tout temps, le voyeurisme a été une composante essentielle du désir, mais les lupanars vont offrir de plus en plus systématiquement des tableaux vivants; à l'intérieur du grand salon une sorte de machinerie érotique, mise en scène par la maîtresse, est installée : sur un grand tapis noir des filles nues sont assises dans des poses suggestives, éclairées par des candélabres; un plancher tournant, des femmes apparaissent, aux allures de poupées de cire figées éternellement dans des poses voluptueuses. Pour satisfaire les voyeurs, les trous habituellement percés au vilebrequin dans les murs ou à l'intérieur des armoires ne suffisent plus : par un habile arrangement de draps tendus, de tentures murales, ou grâce à des tubes appliqués sur les cloisons et aménagés les uns en cornet acoustique, les autres en lunettes grossissantes, le spectateur peut voir et assister, assis dans un fauteuil, aux ébats de la chambre d'à côté. A l'aube du XXe siècle, le bordel des riches aura changé de fonction; il n'est plus tant lieu de consommation qu'espace de jouissances au-dehors interdites.

LES ENFANTS

Les mineures excitent hélas les fantasmes des plus dépravés et on ne peut évoquer sans un profond malaise le sort réservé aux enfants dans certaines maisons. N'oublions pas, certes, que notre perception de l'enfance a beaucoup changé et qu'au XIXe siècle les enfants travaillaient légalement dans les fabriques comme ouvriers. Et les grands bourgeois affamés ont puisé à leur façon dans ce stock de chair fraîche, sans éprouver, semble-t-il, le moindre sentiment de honte ou de culpabilité. Les frères Goncourt notent dans leur journal en septembre 1853 : « Dix sous. De très jeunes gens branlés dans un escalier. Pour deux sous bonne maison faisant bien ses affaires : il y vient des gens riches et des jeunes gens timides. Pas de femme au-dessous de soixante ans. Les femmes ont des vieux béguins maternels pour les enfants. »

Quelquefois les mineures sont de fausses mineures, comme en témoigne Marcel Vertes, peintre des bordels, qui raconta à Romi une aventure qui lui était arrivée à Paris :

« Je me souviens encore de la chambre mauresque avec son énorme lit au centre de la pièce ; on nous avait fait asseoir dans de grands fauteuils pour assister à cet étrange spectacle. Un Nègre et un jeune homme pâle et défaillant ne furent pas très *successful*, le garçon et la fille étaient mieux. La Négresse masquée avec le loulou blanc pittoresque sans plus, le chien ne voulait rien savoir, je ne m'amusais pas beaucoup lorsque brusquement entrèrent dans la lumière tamisée les deux petites filles... Deux petites filles bien sages avec des nœuds dans leurs cheveux nattés, des chaussettes et des corps tout frêles, elles plièrent soigneusement leurs vêtements... J'essayai de prendre quelques croquis, c'était vraiment très gracieux et très joli. Le lendemain après-midi, je suis retourné tout seul rue de Châteaudun et ai demandé à la sous-maîtresse de revoir les deux petites filles. Elle a ouvert une porte et j'ai vu dans le salon rococo deux poitrinaires d'une trentaine d'années qui attendaient le client, l'une d'elle tricotait et l'autre lisait le *Petit Parisien* ».

Dans les bordels pour hommes, au nombre de cinq à six à Paris, les petits garçons sont très demandés. On leur fait revêtir des vêtements éclatants, on leur met des guirlandes dans les cheveux et on les introduit dans des cabinets ornés de dessins licencieux. Au dire de Tardieu, les matrones les travestissent quelquefois en filles ou les vieillissent en leur mettant des barbes postiches. Un commissaire de police signala à Fiaux pendant son enquête que, dans une maison de second ordre de la banlieue parisienne, exerçait un garçon de onze ans « très abîmé ». Dans les maisons pour pédérastes le maître de maison – car c'est généralement un homme – a un réseau de pourvoyeurs attitrés, qui ont chacun leur spécialité : militaires, domestiques, valets de chambre, jeunes gens vierges. Mais toute maîtresse de bordel chic qui se respecte a un assortiment complet de « petits Jésus » à la disposition de cette clientèle. Généralement, ceux que l'on appelle les « rivettes » arrivent à deux, demandent deux filles et une chambre à deux lits. Ils renvoient rapidement les filles pour passer aux choses sérieuses mais se font taxer à leur départ par la tenancière qui leur demande un supplément. Dans les années 1860 a fonctionné à Paris un des meilleurs bordels européens. Il était situé dans un beau quartier, avait extérieurement mauvaise apparence et était géré par un homme d'une soixantaine d'années, secondé par une vieille femme asexuée qu'il appelait sa tante. Les hommes de toute fortune et de tout rang s'y donnaient rendez-vous, quand il ne se chargeait pas lui-même de provoquer les rencontres.

LES « TRIBADES »

« Malgré la nausée que ces turpitudes font monter au cœur du médecin lui-même et le regret de toucher du bout de sa plume une encre aussi boueuse, il est indispensable de compléter le tableau... Suivons donc ce crescendo d'infamies et dénonçons-le jusqu'au bout. » Faisons donc comme l'honorable docteur Fiaux, et allons jusqu'au bout de l'infamie en ne cachant pas que, d'après les récits, les enquêtes et les témoignages des moralistes du XIXe siècle, la prostituée est bien souvent une tribade, une sodomite, un « être sans nom ». Tous ces vices se chevauchent, se fusionnent, se gangrènent... Le vice s'attrape soit dans les maisons, à cause – dit Parent-Duchâtelet – de l'abondante nourriture, de l'oisiveté forcée et des conversations salaces, soit à la prison où les vieilles qui ont horreur des hommes recrutent fort. La proximité physique est aussi propice à l'éclosion des passions. Des confidences amicales sur l'oreiller avant de s'endormir à la liaison érotique il n'y a qu'un pas... vite franchi dans cet univers féminin clos où l'on passe son temps à se regarder, à se laver, à se coiffer, à s'habiller, à se toucher. Haine de l'homme ou solidarité entre femmes ? « Les unes y viennent par haine du souteneur qui les a martyrisées, par le dégoût de cette longue foule de mâles qu'elles sont condamnées à satisfaire; elles sont soûles jusqu'au vomissement; elles évoquent très confusément la cohue masculine dans leur mémoire; cela ne se distingue plus par individu, mais par type physique, coté, classé... sans éprouver ce dégoût misanthrope. Les autres viennent à l'inversion par la vie en commun : une telle cohabitation d'êtres du même sexe ne peut avoir d'autres conséquences *. »

On les appelles les inséparables, les gougnotes, les petites sœurs. Elles s'aiment, se déchirent, se jalousent, s'épient. Les matrones les aiment et les recherchent. Les jours de sortie habituellement réservés aux pensionnaires, les couples de femmes s'enferment dans une chambre avec des liqueurs et des friandises. Les jeunes recrues résistent généralement aux attaques amoureuses, et il faudra toute l'habileté, toute la douceur et tout le savoir-faire de femmes expérimentées pour les faire « tomber ».

« Et Léa continuait ses chatouillements, ses doigts allaient par toutes les rondeurs du corps le long des côtes, simulant les mouvements d'une araignée qui court. Lucie, mollement se défendait; sa peau frémissait sous les attouchements délicats, sous les effleurements des grands ongles de Léa. Elle ressentait une étrange émotion l'envahir; sa poitrine se soulevait par secousses... Et Léa, en serrant sa taille, se mit à l'embrasser sur le cou, sur la poitrine. De sa langue rose, à petits coups, elle piquait la peau blanche de Lucie, les pointes des seins qui se dressèrent; ... tout à coup comme prise de rage elle appliqua à plusieurs reprises sa bouche sur le ventre poli et, brusquement, enfouit sa tête dans les chairs blanches qu'elle étreignit avec violence. Lucie eut un long frisson, ferma les yeux, se cacha la face dans ses bras, et, sous l'influence rapidement croissante d'une volupté inconnue, elle sentit ses nerfs se

* L. Fiaux, *Les Maisons de tolérance*, *op.cit.*

tendre et se détendre délicieusement en une précipitation qui s'accélérait *. »

La coutume veut que la femme qui a réussi à forcer sa compagne et à gagner cette étrange victoire fasse servir sur une table commune au premier repas qui suit la nuit d'amour deux bouteilles de champagne placées l'une devant elle, l'autre devant sa nouvelle amie, afin que personne ne l'ignore dans la maison. Si leur amour dure, il sera tissé de douceurs infinies mais aussi de jalousies réciproques. Elles se feront, en témoignage de leur fidélité, tatouer le nom de leur bien-aimée sur le ventre. Quelques tenancières sont tribades. La police eut vent, par exemple à Paris, des attouchements répétés d'une patronne sur une nouvelle pensionnaire qui porta plainte. Dans les maisons riches, les tribades sont particulièrement recherchées car « la pantomime du saphisme joue un rôle considérable dans les tableaux qu'elles offrent aux clients : les femmes qui la pratiquent pour leur propre compte en apporteront d'autant plus de savoir-faire dans les exhibitions payées ou bien marqueront moins de répugnance à figurer de telles scènes **. » Dans certains maisons, réputées comme telles, le Chabanais par exemple, des clientes viennent satisfaire leurs désirs et consommer, comme le client une prostituée, une fille. Il existe quatre à cinq maisons de ce type pour tribades mondaines où les femmes entretenues et les femmes du monde viennent souvent le soir mystérieusement et, dans le plus strict incognito, « faire leurs dévotions *** ». Pour Taxil, plus du quart des prostituées sont tribades, pour Martineau, obsédé par la chose, toutes les prosti-

* P. Adam, *op. cit.*
** L. Fiaux, *op. cit.*
*** L. Taxil, *op. cit.*

tuées le sont ou le deviendront tôt ou tard, ce qui l'autorise à classer les prostituées en tribades à relation continue et tribades à relation intermittente. Dans les maisons, rares sont les couples de femmes qui n'éprouvent ni jalousie ni différends. Enfermées dans leur passion et dans leur cocon, refusant le monde extérieur, elles en viennent à se tromper, à se haïr, à se battre.

LES SORTIES

La vie dans une maison close est étouffante et répétitive. Pour qu'elle soit tenable, il faut un exutoire : les maîtresses les plus intelligentes l'ont compris, qui donnent aux filles ce qu'on nomme « l'autorisation de sortie ». Elle varie selon les régions, les maisons, l'humeur de la patronne, les saisons.

« Parfois, durant la semaine, on partait en voiture avec une fraction de la troupe – et l'on allait folâtrer sur l'herbe au bord de la petite rivière qui coule dans les fonds de Valmont. C'était alors des parties de pensionnaires échappées, des courses folles, des jeux enfantins, toute une joie de recluses grisées par le grand air. On mangeait la charcuterie sur le gazon en buvant du cidre, et l'on rentrait à la nuit tombante avec une fatigue délicieuse, un attendrissement doux; et dans la voiture on embrassait Madame comme une mère très bonne, pleine de mansuétude et de complaisance *. » Madame Tellier n'est pas une maîtresse comme les autres. Elle bichonne ses pensionnaires et les emmène même à la communion de sa nièce, en ne craignant pas de fermer la maison. Madame Tellier ne se conduit pas comme la grosse majorité d'entre

* G. de Maupassant, *La Maison Tellier*, *op.cit.*

elles qui, bien souvent, laissent sortir à regret leurs ouvrières d'amour pour des occasions exceptionnelles : fête du 14 Juillet, mariage ou décès d'un membre de la famille. Dans certaines maisons, les sorties sont considérées comme des locations : ainsi les clients peuvent demander, à l'avance, et en payant comptant, des filles pour des « parties à la campagne ». Il en coûte rarement plus de 20 francs en 1860. Dans les maisons à estaminet, le client, à la fin de la soirée, a la possibilité de demander à la patronne de partir avec l'une des filles.

« ... Au terme de la veillée, vers 3 heures du matin... un monsieur entrait et disait à l'une d'elles : " Va t'habiller, je t'emmène " et il s'installait, les jambes croisées, fumant son cigare, attendant que son achat lui fût remis, empaqueté dans de l'étoffe noire ; l'on entendait alors des appels dans l'escalier, la femme demandant une chemise à Madame, attachant avec des épingles les jupes qu'on lui prêtait ; elle descendait enfin, débarrassée de son rouge et de sa poudre, et allait embrasser ses camarades comme si, partant la nuit à l'aventure, elle craignait de ne les plus revoir. On sortait et appuyée sur la rampe, la loueuse criait de sa voix brève " Je t'attends demain à midi, ne t'amuse pas en route * ". »

Les filles profitent peu de ce semblant de liberté. Asservies à ce mode de vie répétitif, elles peuvent très difficilement en changer. Prisonnières, elles le sont réellement, elles ne disposent que de peu d'argent. La maîtresse leur retire, à la fin de chaque mois, des sommes modestes qu'elles ont touchées directement grâce aux « gants » – pourboire donné de la main à la main par le client – une moitié pour le loyer de la chambre et l'autre moitié pour les frais de nourriture et d'entretien ! Obligées

* J.K. Huysmans, *Marthe*, *op. cit.*

d'emprunter pour payer le coiffeur, la location des vêtements et les boissons, elles s'endettent donc progressivement, on l'a vu, rendant impossible, sauf par la fuite, leur départ. Cette exploitation éhontée et courante donne lieu à des rixes entre filles et patronnes et à des réclamations à la police : ainsi cette jeune femme qui s'était enfuie d'une maison d'Angers décide de témoigner auprès du commissaire « de l'esclavage qui se passe chez A., 5 rue de Crimée... Peut-être monsieur allez-vous dire pourquoi souffrir puisqu'elles peuvent sortir comme elles veulent d'après les lois!! Nous ne pouvons sortir comme nous le voulons en voilà les raisons. Nous n'avons jamais d'argent, nous sommes tenues de remettre notre argent aussitôt séparé d'avec les clients... Maintenant pour les lettres nous les avons que lorsque les patrons sont sûrs qu'il n'y a aucun inconvénient qui ne pourrais nous faire quitter la maison... Il vous sera facile de le comprendre que nous, filles n'ayant rien mis d'avance, presque toutes pas habillée, que si jamais il nous arrivée de nous plaindre la porte nous serait aussitôt ouverte sans aucune ressource puisque rien ne nous appartient *. »

LES AMANTS

Sans argent, sans autonomie, sans intimité, sans véritable possibilité de sentir, d'éprouver, d'utiliser leur propre corps, les filles de joie subissent un état de dénuement moral et psychologique. Pour lutter contre cette absence de vie privée elles se construisent un territoire, un espace qui leur appartient en propre, un jardin secret, le privé du privé, une sorte de mise en abîme. Là elles logent les

* J. Terneau, *op. cit.*

amants. Car toutes ont des amants. Des amants de passage, des amants anciens clients, des amants infidèles, des amants voyous, des amants maquereaux, des amants commis-voyageurs, des amants étudiants. Des hommes qu'elles idolâtrent, des hommes pour qui elle se feraient tuer, des hommes qui leur plaisent par-dessus tout, des hommes qui leur font oublier la cohorte des mâles qui les violent légalement plusieurs fois par jour. Avec eux d'ailleurs elles jouissent et seulement avec eux. Avec eux elles font leurs enfants, jamais avec les clients. Avec eux elles sont fières de sortir, de marcher, d'aller au restaurant, de se faire regarder. Cet amant on l'appelle le dessous. Ce nom peut revêtir plusieurs significations : celui qui est vraiment dessous ou celui qui existe enfin. Sous l'apparence vulgaire de la prostituée il y a cet homme, la véritable intimité de la femme prostituée. Ce n'est pas un michet car il ne paie pas. Il est l'équivalent de l'amant de la femme mariée. Quand elles entrent en maison, elles demandent pour leurs amants des conditions particulières : des entrées deux à quatre fois par semaine, et quelquefois des après-midi de sortie que les patronnes sont bien souvent obligées d'accepter, de peur de les voir chercher ailleurs. Leur passion devient quelquefois si forte qu'elles peuvent, en cas de nécessité, les entretenir complètement, changer de maison pour eux. Élisa vivra ainsi au fil des pérégrinations de son amant commis-voyageur, s'embauchant pendant des périodes de courte durée pour ne pas avoir à en être séparée. Il avait beau l'ignorer, l'insulter, la battre, Élisa le suivait et quémandait sa présence. L'amant peut aussi – heureusement ! – être gentil, généreux, véritablement amoureux et la relation tourne à la liaison. La fille pourra alors quitter définitivement la maison pour s'installer en couple avec l'amant, qui ira, à la police, demander sa radiation. Celle-ci sera acceptée très difficilement par le commissaire, *a priori* soupçonneux à l'égard de ces hommes qui prétendent refaire leur vie avec des prostituées *.

En 1871, à Angers, le commissaire ** demande au maire de ne pas prendre en considération la demande de la fille de joie Marie qui désire vivre en couple avec un homme et tirer un trait sur son ancienne vie, parce que « cette fille n'est pas digne de votre bienveillant intérêt... Elle joint à l'immoralité l'intempérance ».

LE DÉPART

Rares sont donc celles qui arrivent ainsi à échapper au métier – enchaînées, esclavagisées, elles le sont, elles le restent y compris juridiquement — la plupart de celles qui se font radier – et elles ne représentent que 5 à 6 % – le font pour cause de vieillesse, d'infirmité ou parce qu'elles deviennent tout simplement à leur tour... tenancières. Quelques-unes choisissent de réintégrer leur famille ou d'entrer de nouveau dans « la vie normale » comme domestiques. Dans les maisons closes elles se livrent très rarement à des actes violents. Alain Corbin n'a pu retrouver dans les Archives qu'un seul cas de brutalité : en 1867, à Parthenay, des pensionnaires ont mis le feu à la maison pour pouvoir retrouver leur liberté. Souvent elles choisissent de partir car elles pensent que plus loin ce sera moins dur. Ainsi se préparent-elles à un voyage sans fin. Alors elles s'échappent de leur dortoir au petit matin, vêtues de rien, et partent sur les routes. Les plus effrontées profitent d'une sortie avec la patronne et s'enfuient

* Dr H. Mireur, *op. cit.*
** J. Terneau, *op. cit.*

sous un prétexte quelconque, comme cette fille qui, une fois dans la rue, lança ce défi à sa maîtresse : « Adieu, je file, maintenant si vous avez des jambes faites-les voir. » Elle partit à pied pour Périgueux, sans un sou. L'employé de la gare de Libourne la trouva au milieu de la nuit dans un fossé au bord de l'inanition. Au bout de cinq jours, harrassée, affamée, elle n'eut d'autre solution que de se faire embaucher dans une maison de Bordeaux...

Les patronnes recherchent désespérément à travers la France leurs anciennes protégées, parties sans payer leurs dettes. De leur côté, les filles s'adressent au commissaire de police de leur ancienne ville pour qu'ils aillent récupérer les vêtements qu'elles ont laissés. En 1851, une fille demande au commissaire d'Angers d'aller dans son ancienne maison prendre sa garde-robe : deux jupons de couleur, deux jupons de calicot, un tablier de coton, une robe de mérinos, un corset, deux chemises, quatre mouchoirs de poche. Les filles bougeront de plus en plus et leur nomadisme ne fera qu'augmenter tout au long du siècle. Jacques Terneau a ainsi pu calculer que les séjours de moins d'un mois dans les maisons closes sont passés du XIXe siècle au XXe siècle de 25 à 45, 50 %. A Lyon entre 1885 et 1914, 39 % des pensionnaires restent moins d'un mois, et 19,7 % d'entre elles de un à deux mois. Elles se déplacent d'abord dans la région, accumulant les dettes et sauvegardant leur liberté. Les patronnes sont obligées de s'habituer à ce roulement incessant et se consolent en se disant que les clients aiment le changement ! D'après les mouvements des filles des différentes provinces, on peut en effet avancer que le personnel change pour les deux tiers ou les trois quarts tous les ans et en totalité tous les trois ans. Certaines tenancières tentent de faire pression sur quelques chouchoutes, prisées des clients, pour les empêcher de quitter le navire. Madame se fait aider de toutes ses filles pour essayer d'amadouer Élisa et la faire changer d'avis :

« La grosse femme en pleurnichait, disait qu'elle était bien malheureuse, s'excusait sur le chagrin qui la rendait " quasiment folle ", puis elle poussait dans les bras d'Élisa ses sept femmes, qui tour à tour embrassaient leur compagne, cherchant à la retenir avec des caresses, avec des mots d'amitié, avec la désolation de commande peinte sur leur visage, avec le petit cadeau qu'elles tournaient entre leurs doigts bêtes, Élisa demeurait inébranlable. Elle était la volonté entêtée qui ne revient jamais sur une décision de sa colère, et, selon son expression, elle aurait mieux aimé " se faire piler " que de céder *. »

Le ministre de l'Intérieur, dès 1836, s'était inquiété de ce phénomène de départ massif et avait averti la police de ses conséquences possibles : un désordre plus grand dans les mœurs, une surveillance moins facile. Avant la fille ne pouvait pas sortir d'une maison où elle était débitrice pour entrer dans une autre, sans payer ce qu'elle devait, ou sans donner pour répondant la maîtresse chez qui elle entrait; maintenant elle se vend dans une autre où bientôt elle agit de même. La concurrence entre les maîtresses devient si vive que certaines envoient sur place des complices qui favorisent des évasions et si la maîtresse ainsi lésée s'avise de se plaindre on la menace de Saint-Lazare : « Si une fille est jugée jolie, bien faite et attire les hommes opulents dans une maison on l'en fait bien vite sortir et on la place de force dans une maison qui est favorisée. C'est ainsi que les filles émigrent, se cachent pour faire le métier clandestinement **. »

* E. de Goncourt, *La Fille Élisa*, *op.cit.*

** Archives nationales.

Rares sont celles qui vieillissent au bordel. Rejetées comme des malpropres dès que leur chair se flétrit, elles se retrouvent à la rue, à la prison ou à l'hôpital. Les patronnes les plus généreuses, pour leur éviter une fin si misérable, leur proposent de devenir bonne à tout faire dans l'établissement. Leur corps servira toujours en cas d'affluence ou de demandes de vieillards un peu gaga... Les plus futées, les plus excitantes, arriveront à réaliser leur rêve : épouser un client riche ou... mieux encore... le patron! Elles déserteront l'industrie du vice pour vivre, heureuses et tranquilles, comme des petites bourgeoises anonymes, une vieillesse sans histoire.

« La maison est charmante, à deux pas de la [plage;
Et la femme encore belle et l'homme à [cheveux gris
Dans le jardin planté d'ifs et de tamaris
Ils sont six mois par an paisible et bon [ménage.

Sans enfant, occupés de leurs deux chiens- [chéris
Babbil et Mirza, loin du vain commérage
De la petite ville, en couple heureux et sage
Ils vivent là dans l'ombre et les yeux attendris.

Et cependant la femme a l'humble et sobre [mise,
A la police inscrite et jadis compromise
Dans le vol des saphirs de Beurer bijoutier

La fille au Chabanais a bu toutes les
[hontes *... »

Tableau idyllique d'une vieillesse enfin respectable. Apaisement des sens, effacement du vice. La luxure a disparu, le péché est absous. Certes le corps a vieilli mais avec le temps le mépris, l'opprobre ont disparu. Repentir, absolution ou oubli, l'ancienne prostituée redevient une femme.

D'autres, sensibles au discours des dames des bonnes œuvres, quittent tout pour embrasser Dieu. Elles s'enferment dans des couvents, ivres de repentir, et abritent le reste de leur existence dans des maisons au nom évocateur comme « La Miséricorde de Notre-Dame du Refuge ». Mais – n'en déplaise aux dames patronnesses – la plupart de ces brebis égarées placées dans ces saintes retraites ne tiennent guère le coup très longtemps. Asservies à une discipline de fer, oubliant leur désir de séduction, malgré leur bonne volonté, elles s'enfuient rapidement vers d'autres vocations à moins, toute petite minorité, qu'elles ne deviennent elles-mêmes bonnes sœurs.

La plupart, comme mues par un réflexe de survie, pressentant l'évolution des mœurs et la nouveauté des désirs érotiques de leurs partenaires, ont utilisé les maisons comme des lieux de passage et d'apprentissage du vice. Et les plus confiantes d'entre elles ont décidé de devenir leur propre maîtresse et de se mettre à leur compte. On les appelle de ce beau nom qui traduit la peur qu'elles inspirent : les insoumises.

* Poésie citée *in* Romi, *Maisons closes dans l'histoire, l'art, la littérature et les mœurs*, 1965.

CHAPITRE III

L'AMOUR DANS LA RUE

Tout se perd. L'amour, le couple, la fidélité. Les valeurs se brisent. La bourgeoise pense au divorce et met en scène ses fantasmes dans des cinq-à-sept; l'homme et la femme ricanent voluptueusement au théâtre de boulevard, qui utilise abondamment le ressort comique de l'adultère; l'amour se pare des attraits de l'impudeur et les frontières de la vertu reculent. L'amour à la fin du XIXe siècle n'est plus ce qu'il était. Il ne se mérite plus, il ne se donne même plus. Il se vend. Les romanciers imaginent des héroïnes qui secouent le joug de leur féminité asservie. Madame Bovary éprouve des langueurs et cherche l'amour physique. L'héroïne d'*Une Vie*, de Maupassant, tente désespérément d'éprouver de la jouissance en faisant l'amour avec son mari. Dans certains milieux bourgeois cultivés l'idée de l'affranchissement de la femme fait son chemin. Des comités s'organisent pour le droit au divorce. Les femmes seules éprouvent de moins en moins de honte à sortir dans le monde. Les mentalités évoluent et le corps s'affiche de plus en plus. Paris, selon de nombreux médecins hygiénistes, devient la capitale du vice, qui, telle une maladie contagieuse, s'est emparé de la ville et l'a défigurée, n'offrant plus aux passants que le triste spectacle de la luxure. Des cohortes de filles de joie ont envahi son cœur : sur les boulevards, dans les cafés, dans les brasseries, dans les restaurants, dans les cabarets, dans les bals, sur les fortifs, entre deux maisons démolies, elles font don de leurs charmes moyennant finances. Impossible de chiffrer cette débauche, inutile de la canaliser. Il est déjà trop tard.

Autrefois, c'était le bon temps. Autrefois, on savait qui était qui. Autrefois, se lamente Charles Desmaze, « la prostitution était limitée à certaines femmes connues, inscrites, portant ceinture dorée, cantonnées en certains quartiers, aujourd'hui, à Paris elle se répand partout, peuple toutes les rues, revêt tous les costumes, dont elle règle la coupe et la mode. Jadis la débauche se nombrait par un certain chiffre fixe, maintenant elle se nomme légion, et ses rangs s'augmentent chaque jour, alimentés par les ateliers, les magasins et les théâtres, dans le pêle-mêle des âges, des sexes, des ingénuités, des vices, on peut acheter toute vertu * ».

Tout est à vendre, y compris l'honneur, dans ce que Willy appellera joliment le bazar de la volupté. La bourgeoisie digère sauvagement ses nouvelles fortunes et, dans le désir forcené d'imiter le comportement de l'aristocratie, pense à l'amour autrement. Certes, la transmission du capital exige une préservation bien ordonnée, papa, fiston, bonne éducation assurée par maman bien pensante. Mais, derrière le vernis de ces conventions sociales, les limites de la bienséance deviennent de moins en moins nettes et les codes du désir se transforment insensiblement. La femme soumise excite de moins en moins les hommes, alors que la fille libre – prétendument libre – qui vient vers lui attise ses désirs. Le scénario

* C. Desmaze, *Le Crime et la débauche à Paris,* 1881.

change : la fille « attaque » dans la rue le client avec force promesses et mots obscènes au lieu de l'attendre passivement sur un canapé dans une pose érotique. Les hommes demandent des partenaires qu'ils puissent au passage avilir quand ils le désirent et non plus des esclaves du sexe enchaînées à leur patronne. Le bordel ferme, la maison de rendez-vous ouvre. Dans les lupanars on chôme, dans les brasseries on ne peut satisfaire la demande. Décidément, rien ne va plus. L'épidémie est si forte qu'elle a franchi les portes du bordel et qu'elle a atteint les filles des claques de province. Fini l'ère des braves soldates, des dévotes de la patronne, des bonnes à l'ouvrage qui ne rechignaient jamais. Maintenant, toutes des rebelles, des faiseuses d'histoires, des filles à béguin, exploitées par un type. Ecoutez la plainte des tenanciers et tenancières de bordel, longue litanie sarcastique et méprisante de tous ces exploitants de chair. Régnant sur un royaume qui se dépeuple ils laissent éclater leur colère :

« Rien que des feignantes. Ça ne songe qu'à faire la noce, à s'enfiler des pernods et à vous faire des tours de guenon : des têtes de pioche, des langues de vipère et des boniments de femme soûle... Toutes autant qu'elles sont, toutes des sacs à vice. Ça veut toujours avoir raison, ce sont des rognes à tout bout de champ et, pour un mot un peu plus haut que l'autre, vlan! le marché en main, ça vous lâche, ça fait son paquet, ça décanille.

" Au plaisir de ne jamais vous revoir, vous et votre sale barraque! "

Voilà! Ça vous quitte comme des bonnes!

Autrefois, on avait de braves filles de la campagne qui, pour le gosse en nourrice ou la vieille mère au village, trimaient du soir à l'aube, abattaient de l'ouvrage et, dévouées au maître, prenaient les intérêts de la maison. C'étaient des bêtes du bon

Dieu, et douces à conduire. Ça avait fauté, mais ça réparait sa faute. Ça soutenait ses vieux, ça élevait son enfant : c'étaient tous les mois des lettres chargées au pays, et, quelquefois, les parents venaient les voir. On se serait cru au parloir, dans un couvent : c'étaient des spectacles rafraîchissants! Mieux : y'en avait qui s'amassaient une dot, et, de retour au patelin, prenaient un mari, devenaient de braves mères de famille, épousaient, “ ça se voyait ”, le père de leur enfant.

L'espèce en est perdue de ces pensionnaires : le moule en est brisé. Faut en faire son deuil * ! »

Dès le début des années 1850, le déclin commence, et il sera dès lors continu. Sous le Second Empire la décroissance est nette : non seulement des établissements ferment, mais le nombre de filles qui y travaillent diminue. Le mouvement affecte Paris tout d'abord, où les travaux d'Haussmann, en détruisant les logements insalubres du centre, ont modifié et dissocié spatialement l'offre et la demande prostitutionnelle, puis il s'étend à la province. Lille qui, par exemple, possédait vingt-trois maisons en 1876 n'en a plus que six en 1888. Privatisation de la sexualité ? Conséquence d'une réglementation qui s'exacerbe et rend la prostitution légale si difficile qu'elle en est invivable ? Difficile d'être affirmatif. L'obsession de canaliser le vice et de mettre en carte la fille de « mauvaise vie » aboutira à un effet inverse : le nombre de filles en carte baisse, les bordels recrutent de moins en moins et le nombre des insoumises augmente. C'est curieux : ce phénomène est européen et même mondial! Les maisons closes déclinent et pourtant la prostitution augmente. Les

* J. Lorrain, *op. cit.*

villes se transforment. Les quartiers chauds sont détruits et le prix des terrains ne permet plus la reconstruction de bordels, mais rend possible la location de garnis ou de maisons de passe. Mais surtout, les clients ne viennent plus! Sont-ils devenus sensibles à un certain discours du féminisme et trouvent-ils choquant ce rassemblement de femmes cloîtrées? Plutôt que de monter sans un mot dans une chambre pour s'enfoncer dans le corps d'une femme passive, ils préfèrent plaisanter et draguer, c'est si facile, avant d'emmener leurs conquêtes dans des chambres, des garnis. La recherche des filles qui s'apparente à une chasse représente aussi sans doute une excitation supplémentaire. Il se produit d'ailleurs une modification du sentiment public envers l'ouverture de nouvelles maisons : avant, les commerçants de quartier en appuyaient chaleureusement la création; ils s'y opposent ensuite violemment, envoyant pétition sur pétition à la préfecture de police. Les clients aussi sont plus regardants et la concurrence devient déloyale. A Paris comme à Aubry-les-Epinettes :

« Et avec ça, la clientèle qui chipote, grognasse... des fournitures qui deviennent de jour en jour inférieures... et la concurrence, et la plus déloyale, tolérée dans la rue, et les ouvrières... Ah! Monsieur Jacques, les ouvrières de fabrique! Et la police ferme les yeux, elle ne dit rien, la police; mais elle ne se gêne pas pour me dresser des contraventions. A la moindre infraction il faut voir si ça tombe... Comme la grêle sur le blé d'avril! Les filles de fabrique ça se donne pour vingt sous, quelques fois moins, au bord d'un champ, derrière une haie, où ça se trouve, tandis que chez moi c'est deux francs, pas moins, et si l'on reste la nuit, la tune... mais il n'y a pas à dire, l'établissement régulier, ça n'a jamais " l'excitant " de l'aventure...

On ne peut pas lutter *. »

A Paris la construction des forts et des fortifs, à partir de 1840, eut pour conséquence une affluence de militaires et d'ouvriers qui entraîna elle-même une modification de la demande sexuelle. Les prostituées clandestines exercèrent dans des cabarets qui devinrent des maisons de débauche non réglementées. Devant le péril moral et sanitaire que cela représentait, une commission formée par le préfet Delessert transforma ces bouges non autorisés en maisons de tolérance. Cela ramena la tranquillité dans les familles bien pensantes. A tort. Car, pour faire accepter le projet, la police avait accordé aux maîtresses le droit d'ouvrir un estaminet annexe à leur maison. Fureur des tenancières de bordel ! La tolérance avec estaminet fut donc plus largement accordée, notamment pour les maisons de bas étage à Paris et en banlieue. Il en résulta une confusion des genres, une généralisation de la prostitution dans tout espace où l'on vendait de la boisson. Boisson = ivresse = excitation des sens. Comment résister ?

« La présence des filles dans les cafés est pour les désœuvrés une puissante excitation à l'ivresse d'abord, puis une provocation à la débauche, à laquelle, une fois ivres, ils ne peuvent résister. Il n'est pas rare de voir, les jours de paye notamment, des ouvriers rougis, pères de famille qui, en compagnie de camarades d'atelier, n'étaient entrés dans les débits de boisson que par curiosité et en sortirent à moitié et même complètement dépouillés du gain de leur quinzaine **. »

Le bordel meurt. Qu'on le protège pour la sauvegarde de l'ordre public ! Le message des autorités

* J. Lorrain, *op. cit.*

** F. Carlier, *Étude de pathologie sociale, les deux prostitutions*, 1887.

est clair : la concentration du vice permet la transparence de la surveillance. De la dissémination des filles naît le désordre des passions et des maladies. De tout temps la police a aidé et protégé toute localisation de la débauche :

« L'autorité ne tolère la création d'un lieu de débauche qu'autant qu'elle répond à des nécessités démontrées c'est-à-dire qu'elle a lieu dans des régions envahies par les prostituées insoumises. C'est pour la police un moyen efficace de localiser le mal en se donnant la possibilité de le surveiller et de le réprimer et d'atteindre ainsi la prostitution clandestine *. »

MAISONS DE TOLÉRANCE, MAISONS DE RENDEZ-VOUS À PARIS

	Maison de tolérance		*Maison de rendez-vous*	
Années	*Nombre de maisons*	*Nombre de filles*	*Nombre de maisons*	*Nombre de filles*
1855	204	1852		
1869	152	1206		
1874	134	1092		
1880	133	1107		
1888	69	772		
1894	53	580		
1899	48	496		
1903	47	387	76	313

Sources : de 1855 à 1880, Yves Guyot, *La prostitution. Étude de physiologie sociale*, Paris, 1882; de 1888 à 1903, Maurice Hamel et Charles Tournier, *La prostitution, Enquête*, Nice, 1927.

On préconise donc la création de bordels comme moyen pour enrayer l'épidémie de prostituées non enregistrées. Mais cela ne suffit pas à arrêter la catastrophe. Dans les maisons, aussi bien, on s'organise

* J. Lecour, *La prostitution à Paris et à Londres*, 1871.

vaille que vaille : devant la désertion des filles les patronnes se les prêtent en cas de besoin, quelques-unes partent racoler dans les bals et certains établissements sont autorisés à recevoir des filles libres. C'est la révolution dans le monde des maisons. On assiste à la naissance d'une nouvelle catégorie : la pensionnaire externe. Les maisons deviennent insensiblement des maisons de rendez-vous ou des hôtels de passe. Dans la journée des ouvrières, le soir des filles, qui ont racolé sur les boulevards, ou des domestiques voulant arrondir leurs fins de mois, viennent là accompagnées, pour le bénéfice des maîtresses. La réglementation dépendant de l'autorité municipale dans certaines villes, ce système mixte a été répertorié : ainsi à Roubaix existe-t-il la catégorie des maisons de tolérance « à personnel externe » où obligation est faite aux tenanciers d'employer des filles dûment munies d'une carte, de les consigner sur un registre et de leur faire subir régulièrement des visites médicales.

Le 17 juillet 1880 fut votée la loi instaurant la liberté du commerce des débits de boisson. Elle eut pour effet immédiat d'encourager fortement le proxénétisme de cabaret : des marchands de vin installèrent dans leur cour ou dans leur arrière-boutique une pièce, un cabinet noir, où les servantes, entre deux verres, venaient faire des passes, vite fait bien fait. Les filles sont là, à portée de regard et de mains. Pourquoi les hommes iraient-ils s'enfermer dans des maisons qui ont mauvaise réputation et dont il devient honteux de pousser la porte ? D'ailleurs ne dit-on pas que dans ces maisons les filles ne sont plus très jeunes et beaucoup trop passives ?

A chacun son territoire. Aux classes populaires les cabarets, les estaminets, les bals. Aux classes bourgeoises les restaurants, les magasins de curiosités, les maisons de rendez-vous. Certains restaurants parisiens, à partir de onze heures du soir, selon Carlier, deviennent le théâtre de vraies orgies *. « Salon d'exposition pour ces dames, cabinet particulier capitonné et meublé comme boudoir de petite maîtresse, cabinet de toilette avec vase commode et liquide parfumé, rien ne manque que le respect de soi-même. Les mignons et courtisanes se coudoient, et s'estiment, on se croirait en Orient. L'amour du luxe fait braver l'infamie du métier et ceux qui bénéficient de toutes ces turpitudes sont protégés par de nombreuses influences contre les mesures administratives qui pourraient les frapper à défaut de la loi. »

Le restaurant devient, dans certains cas, le lieu d'échange et de drague pour les deux sexes. Satin emmène Nana un soir dans une brasserie d'hôtes, rue des Martyrs, chez Laure. Un peuple de femmes envahit les trois salons. « Il y avait là une centaine de clientes, mêlées au hasard des tables, la plupart touchant à la quarantaine, énormes, avec des empâtements de chair, des bouffissures de vice noyant les bouches molles ; et, au milieu de ces ballonnements de gorge et de ventre, apparaissaient quelques jolies filles minces, l'air encore ingénu sous l'effronterie du geste, des débutantes levées dans un bastringue et amenées par une cliente chez Laure où le peuple de grosses femmes, mises en l'air à l'odeur de leur jeunesse, se bousculait, faisait autour d'elles une cour de vieux garçons inquiets, en leur payant des gourmandises. »

Autre lieu d'achat de personnes du même sexe sous couvert de respectabilité : le magasin de curiosités fort prisé par certains spécialistes... d'objets d'art. Extérieurement rien ne permet d'imaginer le moindre trafic. Des objets soigneusement rangés en

* F. Carlier, *Les deux prostitutions, op. cit.*

devanture sont exposés avec des étiquettes indiquant leur prix; les chiffres sont, en réalité, des signes de convention qui désignent des jésus affiliés à l'établissement. L'amateur, après avoir contemplé à loisir la marchandise, indique un chiffre. La dame retire l'étiquette et fait rentrer l'acheteur dans son arrière-boutique. Celle-ci est une chambre à coucher où attend patiemment sur un lit un jésus ou une tribade.

Sur les boulevards extérieurs, dans le cœur de la cité, dans les quartiers chics et les nouveaux quartiers ouvriers, « la gangrène du vice » s'étale et s'étend rendant littéralement fous certains moralistes qui, comme Desmaze, voient en chaque garni, en chaque logis meublé, des chambres où se pratiquent les passes!

L'INSCRIPTION

Il existe deux catégories de filles de joie qui pratiquent hors du bordel : les filles en carte et les clandestines. Les premières, appelées ainsi à cause de la carte que la préfecture de police leur délivre, sont enregistrées officiellement. Soit elles viennent d'elles-mêmes se déclarer : elles subissent alors un contrôle d'identité et une visite sanitaire. Soit elles sont enregistrées d'office après trois arrestations, ou elles sont dénoncées par des habitants. S'il est de notoriété publique que la femme se prostitue, la police la mettra en carte. Mais qu'est-ce donc au juste que se prostituer ? « Seront considérés comme des actes faisant présumer la prostitution : le racolage public, la fréquentation habituelle des cafés-concerts ou des bals publics, la réception habituelle de tout venant dans son domicile dans un but de débauche, la domesticité dans une maison de prostitution, la communication du mal vénérien *. »

Chaque femme reçoit alors un livret où figurent son identité, ses obligations et un tableau avec des cases correspondant aux visites sanitaires obligatoires, généralement deux fois par mois. Ce livret, selon les municipalités, est gratuit ou payant et les filles sont tenues, en cas de contrôle, de le présenter. Elles sont alors soumises à de nombreuses interdictions : elles ne peuvent « entrer en circulation » sur la voie publique qu'une demi-heure après le commencement de l'allumage des réverbères, ne doivent porter ni vêtements ni étoffes aux couleurs éclatantes, ni modes exagérées, ni coiffures en cheveux. Elles ne peuvent ni provoquer les passants « à haute voix ou avec insistance », ni se montrer aux fenêtres, ni stationner sur la voie publique, ni former des groupes, ni racoler à moins de vingt mètres des églises et des temples. Leur sont interdits à Paris notamment les passages couverts, les boulevards de la rue Montmartre à la Madeleine, les jardins et les abords du Palais-Royal, les Tuileries, le Luxembourg, le Jardin des Plantes, les Champs-Élysées, l'esplanade des Invalides, les anciens boulevards extérieurs, les quais, les ponts, les rues désertes... Les règlements pullulent et les interdictions pleuvent : impossible qu'elles fréquentent les musées, les bibliothèques, les concerts, interdit de sortir de chez elles après neuf heures du soir du 1er mai au 31 juillet, de donner chez elles à boire, à jouer ou à manger...

* Article 2 de l'arrêté d'Angers, 1er septembre 1890.

LES CLANDESTINES

On peut donc comprendre pourquoi et comment les filles deviennent des clandestines... Parmi elles, par définition difficiles à saisir, existent celles qui n'ont jamais voulu se présenter à la police soit parce qu'elles considéraient cet état comme provisoire, soit par peur du gendarme, soit parce qu'elles sont mineures... D'autres viennent des maisons de tolérance et ont réussi à se faire radier ou se sont échappées sans donner de leurs nouvelles. D'autres encore, demi-mondaines dans la dèche, courtisanes décaties, redescendent dans la rue, faute de mieux, dans leur période noire. Ça leur permet de faire bouillir la marmite. Elles trouvent qu'il n'y a pas de honte à ça.

« Alors, c'était avec Satin des sorties enragées sur le pavé de Paris, dans ce vice d'en bas qui rôde le long des ruelles boueuses, sous la clarté trouble du gaz. Nana retourna dans les bastringues de barrière où elle avait fait sauter ses premiers jupons sales ; elle revit les coins noirs des boulevards extérieurs, les bornes sur lesquelles des hommes, à quinze ans, l'embrassaient, lorsque son père la cherchait pour lui enlever le derrière. Toutes deux couraient, faisaient les bars et les cafés d'un quartier, grimpaient des escaliers humides de crachats et de bière renversée, ou bien elles marchaient doucement, elles remontaient les rues, se plantaient debout contre les portes cochères. »

Le phénomène des clandestines irrite les prostituées officielles qui adressent des pétitions aux autorités administratives de police pour « concurrence déloyale ». « C'est aujourd'hui au nom des huit malheureuses femmes soumises que nous sommes, peut lire, par exemple, en 1898, le maire de Mayenne *, que nous nous permettons de vous tracer cette petite lettre au sujet de beaucoup de femmes que nous voyons tous les jours et qui font la noce plus que celles qui ont le malheur d'être sur le livre... Mais celles qui courent plus que nous nous enlèvent le pain des mains et elles sont laissées tranquilles à se promener. »

Plainte répétée à satiété par les tenancières des bordels qui s'inquiètent... de voir la prostituée clandestine tout envahir : « Je suis, de tout côté – écrit naïvement le patron de la maison du 106 boulevard de la Chapelle – envahi par la prostitution clandestine : et ce cerai (*sic*) le cas de dire " tout est prostitution ici, excepté moi ". Les femmes de la rue font devant chez moi un racolage incessant et sans être dérangées depuis le matin jusqu'au soir... Toutes les personnes, sociétés de provinciaux ou d'étrangers ne peuvent venir à la maison sans avoir été harcelés, tirés, racolés cent fois; elles leur disent ne va pas là, cela te coûtera trop cher, tu seras volé, battu **. »

L'aventure n'est plus derrière les murs du bordel. Question de vanité, question de perception. L'acte sexuel est davantage devenu un jeu, un échange que la décharge mécanique d'une pulsion. Entre la rouleuse du boulevard, la raccrocheuse, la grue, la punaise, la catin, la marmite, la gadoue, la paillasse, la crevette, l'éponge, l'asticot, la taupe qui vous offrent monts et merveilles, comment choisir? Si l'on en juge par leurs déplacements, les filles des boulevards sont celles que l'on voit le plus dans la ville. Venues de la périphérie, elles se dirigent chaque soir vers le centre par un itinéraire

* *Cf.* J. Terneau, *op. cit.*
** A. Corbin, *op.cit.*

complexe. Longue approche patiente du client, préparation intérieure au « trimar », démarches différentes selon le temps, le lieu, la toilette, leur descente ressemble à une étrange parade militaire en vue d'une guerre sans pitié. Car c'est bien de guerre qu'il s'agit : les ennemies sont nombreuses sur le pavé et les victoires difficiles à arracher. On les appelle, pour cette raison, les dévoreuses. Dans les années 1830 elles étaient parquées dans le quartier de Glatigny et de Saint-Denis pour ensuite se décentraliser et essaimer partout où la ville avait une vie nocturne. Elles portent des toilettes voyantes, des maquillages outrés et ont souvent les cheveux teints en rouge. Elles se promènent à deux ou en nombreuse compagnie, « riant, braillant, se poussant comme une bande d'ivrognes sur les passants, faisant des rassemblements partout où elles passent. L'une se détache pour courir après un homme, l'autre s'arrête pour en attendre un second, et cette sorte de petite armée de francs-tireurs, avec ses éclaireurs en avant, ses tirailleurs en arrière, parcoure toute la soirée le boulevard, rabattant dans ses filets tous ceux qui lui paraissent une bonne affaire. Ça sent l'ail ou le musc, ça s'offre indifféremment au rayon riche pour un jour comme au gandin décoré, ou au vieux qui n'a plus un souffle de vie. L'industrieuse hétaïre qui flaire un homme sérieux commence à le suivre et trahit sa présence en raclant le sol avec son jupon empesé, en faisant entendre le frou-frou de sa toilette, le coudoie en passant, prend les devants et s'arrête comme un cheval qui se dérobe, de façon à embarrasser sa route. Forcé de se détourner, l'homme la regarde nécessairement. C'est alors que, par un signe rapide, elle lui fait comprendre en souriant le genre de bonheur dont elle fait sa spécialité puis, sans attendre de réponse, elle disparaît et se dissimule derrière un kiosque soit pour laisser au daim le temps de réfléchir et de peser sa bourse, soit pour l'intriguer par son brusque départ... puis elle traverse le groupe des flâneurs, rase les terrasses des cafés, pince les garçons, fait des grimaces ou tire la langue aux consommateurs *. »

LA RUE

Les filles n'ont peur de rien. Exercées professionnellement à la lubricité, elles attaquent le client qui apparaît comme une proie fragile, exténué devant tant d'avances, littéralement encerclé par cette charge explosive d'obscénités. Les filles veulent le client, elles veulent l'argent et battent fiévreusement les rues. Chasse à l'homme, bottines qui font mal, rixes avec les concurrentes, brutalités des passants qui ne se privent guère ni de les insulter ni de les humilier. Selon les quartiers elles adoptent différentes techniques : rue Notre-Dame-de-Lorette les femmes marchent vite les jupons retroussés. Rue Le Peletier elles ralentissent l'allure. A 150 mètres du café Riche les opérations commencent : « Rengorgées, le rire haut, avec des regards en arrière sur les hommes qui se retournaient, elles étaient chez elles. Leurs visages blanchis, tachés du rouge des lèvres et du noir des paupières, prenaient dans l'ombre le charme troublant d'un Orient de bazar à trois sous, lâché au plein air dans la rue. Jusqu'à 11 heures, parmi les heurts de la foule, elles restaient gaies, jetant simplement un “ sale mufe ” de loin en loin, derrière le dos des maladroits dont le talon leur arrachait un volant. Elles échangeaient de petits saluts familiers avec des garçons de café, s'arrêtaient à causer devant une table, acceptaient des consommations qu'elles buvaient lentement en personnes

* Flévy d'Urville, *op. cit.*

heureuses de s'asseoir, pour attendre la sortie des théâtres. Mais à mesure que la nuit avançait, si elles n'avaient pas fait un ou deux voyages rue La Rochefoucauld, elles tournaient à la sale garce, leur chasse devenait plus âpre. Il y avait, au pied des arbres, le long des boulevards assombris qui se vidaient, des marchandages féroces, des gros mots et des coups *. »

Le commerce dans la rue commence dès dix heures du matin sur les grands boulevards et à Pigalle; il ne s'arrête que très tard dans la nuit. N'étrenne pas cependant qui veut. Mieux vaut être jeune, fraîche, enjouée. Entre cinq et sept débarquent les débutantes, les filles venues de province, les ouvrières cherchant à arrondir leurs fins de mois, offertes, certes, mais timides et réservées. Les filles du soir sont plus maquillées et pratiquent la « raccroche » de façon plus voyante : mots doux, propositions obscènes, regards appuyés. « Est-ce que tu viens? Tu viens " avec "? » Il n'est pas facile de résister : l'homme s'éloigne, rencontre d'autres filles qui recommencent leurs invites avec une telle persuasion qu'il finit par se rendre. Vers onze heures du soir le jeu s'exacerbe : les filles impatientées par leur déveine, se font plus pressantes et baissent leur prix. Tout essayer pour ne pas « rentrer à vide » : chercher les derniers lieux éclairés, se planter devant la sortie des théâtres, suivre les clients attardés, se déshabiller un peu plus, rentrer dans les cafés, se griser, courir de table en table, s'asseoir sur les genoux des messieurs, rire très fort, frôler leurs moustaches... conclure le marché.

Elles se sont approprié la rue. Elles en connaissent chaque recoin. Elle est devenue leur territoire, leur instrument de travail qu'elles respectent

* É. Zola, *Nana*, *op. cit.*

et maîtrisent. Le corps est rompu à ce jeu. Certaines ont le métier plus facile que d'autres. Certaines vendent bon marché pour vendre plus souvent. Boulevard Sébasto – rue Montmartre – les Halles – stations éclairées où l'on se dévisage. Toutes ne sont pas des vieilles qui quémandent leur pain quotidien. Toutes ne sont pas des hystériques qui agressent sauvagement le client. De l'amour, de la beauté, de la douceur, de la tendresse circulent. Sourires, attirances, bonté.

« Ce n'est rien, Seigneur. C'est une femme sur un trottoir qui passe et qui gagne sa vie parce qu'il est bien difficile de faire autrement. Un homme s'arrête et lui parle parce que vous nous avez donné la femme comme un plaisir. Et puis cette femme est Berthe, et puis vous savez le reste. Ce n'est rien. C'est un tigre qui a faim. La faim des tigres ressemble à la faim des agneaux *. »

Les gares, les passages, les boulevards, les champs de course sont fort prisés dans la journée. La nuit, les filles sont partout. Traditionnellement le Palais-Royal reste un des lieux chauds de la capitale, fréquenté par les provinciaux et les étrangers. Le quartier Saint-Denis devient le territoire d'une prostitution à bas prix, tandis qu'aux Champs-Élysées on raccroche plus cher et plus élégant. L'hiver, les filles se réfugient dans les passages proches de l'Opéra et surtout dans le passage des Panoramas, immortalisé par Zola. En province, les prostituées travaillent de façon moins dispersée, et les trajets – passant par la gare ou la grande place – sont monotones. Les jardins publics et les promenades sont particulièrement recherchés l'été. A Angers, à la promenade de la Baumette, en 1855, le garde-champêtre a ainsi pu voir « Marie G. relevant ses robes et sa chemise

* C.-L. Philippe, *Bubu de Montparnasse*, 1801.

jusqu'à la ceinture faire le saut de la cheminée; étant parvenue près de ces trois personnes, il vit encore la fille G. se livrer aux mêmes actes, à plusieurs reprises... Un instant après, il vit la fille A. relevant ses vêtements jusqu'au milieu du corps, s'asseoir à nu sur L. qui était étendu sur le dos et celui-ci se livrer aux attouchements les plus indécents pendant environ un quart d'heure *. »

A Paris il est plus difficile et plus risqué de faire l'amour dans un jardin public ou sur les boulevards! Les filles louent des garnis, le plus souvent situés au centre ou à la ceinture des villes, qu'elles utilisent pour leurs passes, mais où elles logent rarement. Une complicité et des habitudes se nouent souvent entre elles et les patrons qui leur consentent des prix ou deviennent eux-mêmes des clients. Au petit matin elles regagnent, épuisées ou furieuses, leur lointaine chambre d'hôtel.

LES FILLES DE BRASSERIE

La rue est le territoire le plus hostile et le plus fréquenté par l'ensemble des catégories de prostituées. Là tout peut arriver : violence, rixes, rafles. A partir des annés 1870 une nouvelle conduite prostitutionnelle moins risquée et plus rentable apparaît dans la capitale, semant la panique chez les moralistes : les filles à brasserie tournent la tête d'assoiffés d'un type nouveau qui, entre deux bières, s'enferment vite dans un cabinet attenant avec une serveuse accorte... A la brasserie de l'Enfer, ou à celle des Nanas, des Cartouches, du Caïd ou des Odalisques, on atteint pour pas très cher le septième ciel au milieu de la nuit. Les brasseries de femmes ont vu le

* J. Terneau, *op. cit.*

jour au moment de l'Exposition universelle de 1867 : les filles ont alors remplacé les garçons pour servir les boissons et assurer un autre type de service comme le dit aimablement ce prospectus abondamment distribué dans le quartier du Sénat :

« Brasserie du Sénat
369 rue de Vaugirard
La mode est au costume pour les dames de brasserie.
A notre avis le plus beau des costumes est le plus simple.
C'est pourquoi à partir d'aujourd'hui, nous habillons nos dames
En baigneuses.
Comme elles sont très jolies, ce vêtement leur ira à ravir.
Venez les voir et vous en jugerez.

Elles vous serviront des consommations de premier choix *. »

Elles sont vives, jeunes, effrontées, et vêtues de toilettes qui dévoilent leurs charmes, elles excitent le consommateur par le regard, la conversation, la cambrure du corps. Elles s'assoient à la table du client et le « gracieusent ». Les verseuses, après lui avoir fait boire quelques verres, lui font comprendre qu'elles peuvent l'accompagner dans une chambre d'hôtel proche de la brasserie ; le patron de l'un et le gérant de l'autre sont évidemment de mèche. Chaque brasserie a ses codes : rive droite, les femmes sont obligées de se nourrir et de payer le patron de l'établissement selon la vogue de l'établissement. Au Quartier latin, où ce genre de brasserie abonde, la serveuse donne 2 francs à son patron au début de la

* C. Virmaître, *Trottoirs et lupanars*, 1893.

journée mais elle est nourrie le soir. Le propriétaire perçoit bien entendu un pourcentage, proportionnel à la « qualité » de la serveuse et au nombre des passes. Quand la fille « marche bien » elle est installée par son patron dans un appartement proche, à moins, fait rarissime, que l'établissement ne dispose d'un local attenant. Les horaires sont beaucoup moins fatigants qu'en maison : au travail à 15 heures, les filles peuvent rentrer se coucher à minuit. La vogue des brasseries prend auprès des étudiants, des lycéens, des employés qui aiment cette atmosphère d'égalité, d'invite et de blagues sexuelles. Quelques brasseries se dotent de sous-sols aménagés comme la brasserie du Moulin Rose qui, en guise de prospectus, avait publié le texte de cette chanson :

« C'est un paradis plein d'ivresse !
De ce bel eden en hauteur,
Où la crème de la jeunesse
Se grise à la fois l'âme et le cœur...
Du moulin les charmantes ailes,
Tournent, tournent, tournent toujours,
Et les meunières toutes belles,
Tournent la tête des amours... »

D'autres ont installé des chambres qui ne sont séparées de la boutique que par une mince cloison de bois et où « tout se passe avec une indiscrétion complète, d'autant qu'il est recommandé aux femmes de ne mettre aucune sourdine à leurs transports afin d'entraîner le simple consommateur encore tiède à faire mieux que d'aborder un petit verre en aimable compagnie *. »

Chaque brasserie devient une sorte de petit théâtre érotique où les servantes doivent, dans leurs costumes et dans leurs gestes, faire de plus en plus

* M. Hamel et C. Tournier, *La Prostitution. Enquêtes*, 1927.

preuve d'imagination. « Brasserie orientale. Venez voir les sultanes fin de siècle. Aujourd'hui, inauguration du temple de Vénus. Tout le monde voudra admirer les merveilleuses déesses dans la gracieuseté de leurs costumes. » Sultanes, Italiennes ou ribaudes. « Des hénins et des béguins Renaissance alternaient leurs fausses perles sur les cheveux blondis à l'eau oxygénée, roussis au henné ou lustrés de pommade de quatre dulcinées; des corsages de velours de couleur, des manches à crevés, arrêtées nettes au coude et des collerettes défraîchies complétaient ce carnaval *. »

Gaz, fumée, ivresse, banquettes de cuir fauve, éclairage violent, alcool qui coule à flot. L'amour rôde dans cette atmosphère enfiévrée. Les jeunes gens romantiques et naïfs y connaissent leur première histoire d'amour. Amours passagères, mais amours. Il faut être désabusé comme Huysmans, et fatigué comme son héros, Des Esseintes, pour critiquer méchamment tous ces hommes gagas qui tombent dans le piège de la cour faite à la fille de brasserie qui, malgré les apparences, se révèle être une peste comme les autres. Une peste, c'est-à-dire une domestique au service du mal triomphant: « Cependant, cette domesticité était aussi bête, aussi intéressée, aussi vile et aussi repue que celle qui desservait les maisons à numéro. Comme elle, elle buvait sans soif, riait sans motif, raffolait des caresses d'un blousier, s'insultait et se crêpait le chignon sans cause; malgré tout, depuis le temps, la jeunesse parisienne ne s'était pas encore aperçue que les bonnes des caboulots étaient, au point de vue de la beauté plastique, au point de vue des attitudes savantes et des atours nécessaires, bien inférieures aux femmes enfermées dans des salons de luxe! Mon Dieu, se

* J. Lorrain, *op. cit.*

disait Des Esseintes, qu'ils sont donc godiches ces gens qui papillonnent autour de ces brasseries ; car, en sus de leurs ridicules effusions, ils en viennent même à oublier le péril des appâts dégradés suspects, à ne plus tenir compte de l'argent dépensé dans un nombre de consommations tarifées d'avance par la patronne, du temps perdu à attendre une livraison différée pour en augmenter le prix, des atermoiements répétés pour décider et activer le jeu des pourboires *. »

En province aussi les brasseries de femmes s'implantent partout dans les grandes villes, au grand dam des garçons limonadiers, qui se défendent en envoyant des pétitions de protestation à leur maire. Un règlement du 24 février 1888 vient finalement enrayer une évolution d'autant plus préoccupante qu'elle s'accompagnait d'une augmentation sensible du nombre de mineures employées dans ce type d'établissement.

LES FILLES DE CAFÉS

Les cabarets et les cafés prennent alors le relais. D'anciens tenanciers de maisons de tolérance se reconvertissent en cabaretiers. En 1905 le commissaire du Mans note qu'il existe dans sa ville plus de vingt débits où les servantes exercent toutes la prostitution. A Angers ces cafés se regroupent dans un quartier réservé. A Paris, en 1900, une femme peut gagner jusqu'à 15 à 20 francs les jours de pointe, le samedi et le dimanche. Elle change souvent d'établissement et les soirs où elle ne trouve pas de client, elle peut partir dormir avec son homme à condition de payer à son patron la prime de nuit. La clientèle

* J.K. Huysmans, *A rebours*, 1884.

est surtout composée de soldats, d'ouvriers et les boissons sont taxées à partir de minuit. Des cafés, il en existe de toutes sortes. Des gais et des coquets où il fait bon s'attarder, des bouges infects, terribles, immondes comme celui que Mac Orlan a fréquenté boulevard de Grenelle : « L'intérieur tenait d'un paysage de cauchemar. Les murs de la pièce principale étaient nus et blanchis à la chaux. De mauvaises banquettes en velours rouge pelé pisseux en garnissaient le pourtour. L'ameublement consistait en une douzaine de tables branlantes, couvertes d'inscriptions au couteau. Les clients entraient là par bandes subitement dessoûlées, ce qui durcissait leur visage. Tous, instinctivement, portaient la main à la poignée du sabre ou de la baïonnette. Avant qu'ils aient eu le temps de s'asseoir, une sorte de gnome, sans sexe et âge, apparaissait en soulevant une tenture. Une étrange musique se faisait entendre, celle que la misérable créature produisait en tournant la manivelle d'un orgue de barbarie, lamentable et poussif. Alors, dans le plafond, une trappe s'ouvrait et, par une échelle qui, à elle seule, occupait tout un angle de la pièce, on apercevait d'abord des pieds, puis deux mollets nus, le reste d'une courte chemise d'étoffe rose et la tête d'une putain anthropoïde *. »

Cafés proches des abattoirs fréquentés par des voyous équipés de Winchester et où la police n'ose pas aller. Cafés des ports où le timbre d'une voix, la cadence d'une musique exotique, la sirène lointaine d'un transatlantique donnent aux marins en bordée l'illusion d'une terre sous les pieds. Cafés des boulevards proches de l'Opéra trop allumés au cœur d'une nuit hostile où des filles exténuées dès deux heures du matin se collent à de gros clients ventrus

* P. Mac Orlan, *Nuits aux bouges.*

qui ne veulent pas d'elles, mais n'osent plus rien dire. Et toujours, au bout de la nuit, le moment de la confrontation, celui où le désir cède, où l'étrange cérémonial peut commencer dans une chambre d'hôtel minable :

« Dans cette chambre, l'homme enlève son chapeau, son pardessus qui a reçu la pluie, ses pantalons crottés. Il jette à sa compagne des coups d'œil soupçonneux. Puis il attend avec des gestes lents et monotones que celle-ci soit prête à l'affronter. Moment bien singulier pour ces deux êtres que le seul échange de l'amour contre une somme d'argent réunit par hasard. Ils ne se disent que de brèves paroles... Puis, s'étreignant, se mettent d'accord sur la façon d'accomplir leur marché. Ils s'épient. Dans la glace, épousant leurs enchevêtrements, une arabesque inscrit ses jeux épais, les défait, les rassemble. L'homme attentif fixe le vide. Il y poursuit une flamme secrète et voletante, la presse de combler ses vœux, la supplie de ne pas l'épargner. Parfois, enveloppant d'un regard presque éteint la malheureuse qui peine à son salaire, il tente de provoquer chez elle une furtive sensation. Il s'y applique. Est-ce pour elle ou pour aider à la besogne dont il est l'objet ? Nul ne saurait en rendre compte. Mais, à ce premier mouvement qui les rapproche, la femme prévoit un terme à son effort. Elle y apporte plus de soin, plus d'aiguë insistance, d'impudeur, de honteuse soumission et l'homme qui en reçoit comme une lointaine secousse exige d'autres essais de sa compagne *... »

Plus il est tard, plus les prix baissent. Plus il est tard, plus il fait noir. Les femmes, comme les cochers fatigués chargent au rabais, baissent leur prix. Où aller ? Le jeu se poursuit dans les rares res-

* F. Carco, *L'Amour vénal*, *op. cit.*

taurants ouverts la nuit : « On y va pour s'abandonner à tout ce que la luxure peut imaginer de plus cynique dans les cabinets surtout. La bestialité et l'abrutissement laissent des traces depuis les glaces tellement rayées par les diamants que ces dames essayent en y gravant des noms entrelacés et des dessins obscènes qu'on ne peut plus s'y voir jusqu'aux débris de vaisselle que les noceurs entassent dans la caisse des pianos, en les arrosant de champagne *. »

Les filles s'accrochent aux hommes les plus gris, les poussent sur la banquette, piquent dans leurs assiettes, boivent puis changent de table. Les noceuses sont des soupeuses. Le restaurant de nuit devient leur dernière étape, leur seul refuge : « La belle s'avance d'un pas tranquille et lent, sa main joue nonchalamment d'un éventail énorme, ses jupes à traîne font trébucher les garçons, bousculent les chaises et les tables. Arriver à son poste, piquer son bouquet dans le goulot d'une carafe, jeter sur la table chapeau, vêtement, éventail, tout cela ne demande qu'un instant, enfin quand le gérant a tout remis en ordre, la beauté à vendre ou à louer se décide à s'asseoir **. »

LES CHANTEUSES

Dans certains restaurants des chanteuses viennent se produire. Casquette et chapeau, pelisse et habit noir, tout ce monde trépigne et applaudit très fort quelques couplets bien salaces pendant que certains couples partent s'enfermer dans un cabinet ou une chambre de passe attenante. Le proxéné-

* Flévy d'Urville, *op. cit.*
** *Idem.*

tisme de cabaret va s'étendre rapidement à toute la France, n'épargnant ni les grands centres ni les petits bourgs. A Grenoble, au début du siècle, cinquante à soixante cafés abritent cinquante à deux cents clandestines. A Roubaix en 1881 soixante-quatorze cabarets servent de maison de passe. A Brest il en existe au moins une cinquantaine. A Lyon on ne peut même plus les compter. Dès 1836 le président des assises des Côtes du Nord écrit affolé au ministre de la Justice : « Il paraît donc que cette lèpre de la société s'est répandue, déversée dans les Côtes du Nord, sur les petits bourgs, sur les villages, jusque sur les chaumières. Dans l'arrondissement et surtout principalement sur les routes, on trouve une grande quantité de cabarets qui sont en réalité des maisons de prostitution et de débauche où les jeunes filles du pays vont se mettre au vice et se corrompent. Les occasions ne leur manquent pas car souvent les maisons sont en même temps le refuge ordinaire des voleurs, des assassins, des lieux de dépôt et de recel des objets volés et vont trouver le moyen de les vendre. Il s'y passe aussi fréquemment des vols, des attaques nocturnes, des actes de violence les plus criminels *. »

Des cabarets, il en existe aussi de toutes sortes : des lieux d'entassement de filles mises sur des estrades pour y être protégées des mains baladeuses des clients – ici on paye d'avance les consommations et le tour de danse coûte deux sous –, des petits cafés où des filles jeunes, payées par le patron, font des dizaines de passes dans la chambre mitoyenne chaque nuit, ou même des débits de boisson entièrement tenus par des femmes, gérantes et serveuses qui se prostituent à tour de rôle. Les clients – ouvriers, artisans – sont contents, les bourgeois sont

* Archives nationales.

horrifiés devant tant d'indécence et envoient pétition sur pétition. Des enquêtes sont lancées. Ainsi le commissaire de La Bastide à Bordeaux envoie à son préfet, le 10 juillet 1880, le compte rendu suivant : « On a vu parfois un client embrasser une bonne; une autre fois même, une bonne donner un baiser à un jeune homme. Dans d'autres circonstances, on a constaté qu'un consommateur attirait une fille de ce café sur ses genoux, qu'un autre la prenait par la taille. Quelquefois des bonnes montent en voiture découverte avec des jeunes gens et fument des cigarettes. On a entendu des propos familiers, parfois obscènes *. »

Les bourgeois, eux, préfèrent les cafés concerts. La mode s'en est développée dès les années 1880 et s'est étendue partout en province. Pas une petite ville qui n'ait son beuglant avec ses cinq à dix chanteuses. Les chanteuses sont des artistes mais aussi des prostituées. Les hommes le savent et ceux qui leur payent à boire pendant le tour de chant peuvent ensuite les emmener « bouger » dans un cabinet très particulier. Il existe un véritable trafic de soi-disant « artistes lyriques » qui transitent par Paris où des agents, par le jeu d'annonces alléchantes, recrutent des jeunes filles attirées par la musique et le théâtre. Les filles sont envoyées alors dans des beuglants où, en échange de rien – si ce n'est de la vague promesse de les faire monter sur une scène –, elles doivent souper avec les clients jusqu'à 2 heures, voire jusqu'à 5 heures du matin. L'opinion publique s'émeut de cette traite des chanteuses que certains n'hésitent pas à qualifier de traite des blanches. L'union des artistes lyriques fit une vigoureuse campagne dès

* Archives départementales de la Gironde citées par A. Corbin, *op. cit.*

1903. Le journal *L'Humanité* la relaya efficacement en 1906.

« Moyennant un salaire qui varie entre 1 et 5 francs les malheureuses chanteuses sont astreintes au logement et à la nourriture dans l'établissement au prix qu'il plaît au tenancier de fixer. Les chanteuses sont obligées de souper avec le client qui le désire, sinon leur engagement est immédiatement résilié sans indemnité aucune... Le congrès international des communistes a décidé d'inviter les comités nationaux à réclamer des pouvoirs publics la surveillance et répression des agissements coupables des agences théâtrales et lyriques, des établissements publics qui, sous prétexte d'art, favorisent la prostitution et se livrent à la traite des blanches *. » Deux mois plus tard une circulaire ministérielle essaya de réglementer les rapports patron-artistes. En vain... Les beuglants continuèrent à faire salle comble tous les soirs, alimentés souvent par des filles qui, auparavant, traînaient dans les bals.

LES DANSEUSES

Le bal public devient en effet, comme le trottoir, le café, le beuglant, le restaurant, un des espaces d'échanges sexuels, une étape obligée de la prostitution des filles. Lieux d'exhibition, de plaisir, de vertige, dans les bals, les têtes tournent et les offres se font.

« Le long ruban des filles de marbre aux allures républicaines et sans-culotte, tourne comme des chevaux de bois toute la soirée. Il est panaché de quelques gommeux plus ou moins vieux dont le dernier genre est de se faire remarquer par deux amies dont

* *L'Humanité*, 25 octobre 1906.

ils prennent le bras... A Mabille les filles lancées qui honorent ce lieu de plaisir par leur présence, restent assises toute la soirée sur leur fauteuil et forment le fond du tableau; près des candélabres qui entourent le parquet se trouvent les vieilles matrones, les entremetteuses et la bouquetière qui guette les couples qui se forment; sur les bancs en bois s'ébattent des petites galvaudeuses; dans les kiosques de jeu et au tir les heureuses qui ont fait mouche sur un pigeon à plumer; enfin au café, sur le côté, les noceuses sans préjugés qui crient, glapissent et boivent : c'est la catégorie des rigoleuses *. »

Différentes catégories se croisent sans pour autant se confondre. Chacune a ses codes, ses heures, sa manière de regarder, de se déplacer. Les prostituées chics arrivent en voiture, jamais avant neuf heures du soir et raccrochent ensuite. Elles méprisent les « galvaudeuses » payées pour danser en épatant le client. Les raccrocheuses, toujours très bien habillées, gardent une attitude décente alors que les noceuses peuvent lever la jambe, chanter à tue-tête et s'étourdir de musique et de rire. Dans les bals de la catégorie de ceux de Mabille l'entrée est de 3 à 5 francs. Dans le même genre on trouve le Valentino, le Casino Cadet, le Tivoli-Vauxhall. Tous ces établissements représentent le haut du panier. A Paris, à la Belle Époque, les bals fleurissent – on a pu en recenser plus de deux cents, des bals de barrière, des bals de banlieue, des bals dits des voleurs et des voleuses. Pour des moralistes comme Carlier, le bal représente le lieu de perdition par excellence pour la jeune ouvrière. Elle risque de tomber dans les bras de son premier amant et il est bien vrai que les souteneurs y pullulent. Dans les bals de barrière sévissent les « goujons » – casquette de soie grais-

* Flévy d'Urville, *op. cit.*

seuse, longue blouse, accroche-cœur plaqué aux tempes – et dans les bals plus chics veillent les « dos verts » – mine élégante, cheveux frisés, cigare à la bouche. La fille, bien souvent par amour, quitte la maison paternelle, déserte l'atelier et, de chute en chute, devient une insoumise. Les bals ne sont plus « aujourd'hui qu'une exposition de marchandise vivante, un marché public de prostitution où les prix se débattent comme dans une halle, marché d'autant mieux approvisionné qu'il a la vogue, que ces petits messieurs appartenant à la haute classe de la société l'ont adopté et viennent plus nombreux. Elle rencontrera là l'essaim des marchandes à la toilette. Si elle est jolie, les exploiteuses de chair humaine viendront tenter sa vanité, lui offrir des costumes, des bijoux à crédit, en prenant, pour leur créance, hypothèque sur des charmes qu'elles se chargeront de négocier. Grâce à ses nouvelles toilettes, au pourboire qu'elle donnera au danseur patenté par la direction du bal, elle pourra se produire dans le quadrille infernal. Alors sa réputation sera suffisamment faite, elle pourra élever ses prix *. »

Nana et Satin courent les bals à la recherche de clients. Les frères Goncourt fréquentent les bals un peu crapuleux, en quête d'émotions fortes. Ils aiment particulièrement celui de la place Maubert où, disent-ils, les filles de onze à seize ans dansent de façon admirablement exagérée. A Villiers l'entrée n'est qu'à un franc et le public interlope comme à l'Élysée Montmartre. Moins cher encore – entrée à 50 centimes – à la Queue de cheval, à la Reine Blanche où des bonnes en goguette viennent accompagnées de leurs souteneurs. Dans ces rendez-vous de la pègre les voyous, les garçons bouchers, les maquignons viennent boire et danser et vendre leur fille ou leur sœur. Bal des vaches, bal du point du

* F. Carlier, *Les Deux Prostitutions*, *op. cit.*

jour. Odeur de vin et de sueur. Atmosphère de franche gaieté et d'audace sexuelle qui fascine les écrivains bourgeois : « Ils étaient là, toute une tablée de filles et de garçons, descendus tant des hauteurs de la Courtille, de Montmartre, des Ternes, de la Maison Blanche et de Montparnasse, ou de Grenelle et d'Auteuil, tout proche. Les beaux lundis du Point du Jour rabattaient encore la basse pègre et la prostitution cartée de Paris sous les saules de l'île et dans les guinguettes des berges ; l'armée du crime s'y donnait rendez-vous, tout heureuse d'étaler ses tares physiques et sa misère morale dans ce morne et lépreux paysage, enlaidi des cheminées d'usines et de baraquements provisoires, taudis de planches et de cartons bitumés, surgis, comme des champignons vénéneux, sur cet humus de tessons de bouteilles et de papiers gras *. »

LA MAISON DE RENDEZ-VOUS

La moyenne et la grosse bourgeoisie préfèrent aller s'encanailler dans les maisons de rendez-vous. Elles naissent à la fin du XIXᵉ siècle et succèdent aux maisons de passe et aux maisons à parties où les filles venaient librement consommer l'acte de chair avec les clients. Il en existe jusqu'à deux cents au début du siècle à Paris. Le préfet Lépine doit, en 1900, mettre sur pied une réglementation qui les divise en deux catégories : les maisons à moins de 40 francs et les autres. Ces maisons ne sont ouvertes que l'après-midi et fréquentées soit par des prostituées inscrites à la police, soit par des femmes qui viennent arrondir leurs fins de mois : femmes de petits-bourgeois, de commerçants, ou d'artisans qui ne dédaignent pas, sans que leur respectabilité en soit atteinte, faire

* J. Lorrain, *op. cit.*

des cinq-à-sept lucratifs. Il règne dans ces maisons une atmosphère douce, tranquille, paisible. La patronne a les allures d'une parfaite maîtresse de maison à la tenue respectable et les filles sont habillées décemment. Elles ont été tentées soit par les confidences d'une amie ou d'une femme rencontrée dans un jardin public, ou attirées par une petite annonce mensongère publiée dans la presse, du genre de celle-ci :

« On demande de suite des petites mains pour un travail facile. On gagne en commençant. »

Elles sont abusées comme ces jeunes ouvrières prises au piège et qui ne peuvent plus reculer, ou tout simplement attirées. Attirées par le vertige de l'anonymat, du sexe qui se paye, du client inconnu à qui on ouvre ses cuisses et qui part pour toujours. Souvenez-vous du vertige sensuel qui s'empare de Renée Saccard quand elle suit du regard les filles faisant le trottoir ou du trouble qui s'empare de Séverine, dans *Belle de jour* quand son amie Renée prononce le nom de maison de rendez-vous : « Alors, chérie, alors imagine ce que cela peut être dans une de ces maisons. A la merci du premier venu, fût-il laid, sale... Faire ce qu'il veut, tout ce qu'il veut... Des inconnus qui changent chaque jour. Et les meubles appartenant à tout le monde. Les lits... Une seconde, une seule, figure-toi que tu fais ce métier et tu verras *. »

Les maîtresses de maison de rendez-vous affichent, dans des endroits spéciaux, chez les mercières et les marchands de vin, les offres demandant des ouvrières, quand elles veulent renouveler leur marchandise... Les filles tombent dans le panneau et s'habituent à ces gains faciles. Les clients se comportent généralement gentiment, sans violence,

* J. Kessel, *op.cit.*

même si les goûts de certains sont étranges. Chaque maison possède ses femmes attitrées. En dehors de celles-ci, que Virmaître appelle vulgairement « le plat du jour », il existe l'innombrable cohorte des « intermittentes » : des femmes entretenues par des vieillards qui leur laissent des loisirs et qui viennent de temps à autre faire des « passes bourgeoises » sur demande bien souvent, des actrices de petits théâtres se payent ainsi toilettes et bijoux mais aussi des femmes mariées qui viennent se dévergonder. « Comme vous voudrez, ma petite. Deux à cinq c'est un bon moment. Vous serez la belle de jour quoi. Seulement il faut être exacte, sans quoi nous nous fâcherions. A cinq heures vous serez libre. Un petit ami qui vous attend? Ou un petit mari *?... »

Difficile ici de tracer véritablement la frontière entre la courtisane, la fille d'occasion, et la prostituée professionnelle.

La maison de rendez-vous accepte aussi des couples clandestins pour des après-midi illégitimes. Toutes ces catégories cohabitent dans un univers d'une exquise politesse. Pas de salon d'attente, pas de filles déshabillées, pas de musique assourdissante. Le luxe bourgeois, une attente ouatée, des présentations cérémonieuses! Lorsque le client entre dans la maison il est reçu tout d'abord par la patronne qui lui offre du champagne et lui fait « le coup de l'album » : dans celui-ci sont collées les photographies des femmes qui attendent dans les chambres closes. Le prix ne figure pas en regard de la photographie car le client doit ignorer la commission prise par la tenancière. Cette décence de l'apparence fait songer au thème du miroir. Auparavant dans les maisons closes les hommes venaient cher-

* J. Kessel, *op. cit.*

cher leur image défigurée et outrancière; à présent dans ces maisons de rendez-vous convenables, il veulent une image convenable d'eux-mêmes. Le véritable changement de mentalité se situerait peut-être là ?

LES PETITES FILLES

A l'extérieur rien ne distingue la maison et souvent les clients sont des habitués. Les « amis » de la maison payent d'ailleurs quelquefois moitié moins cher que le « vulgaire » de passage. Les histoires de corruption policière abondent. Nombreuses sont les tenancières jamais inquiétées alors qu'elles font travailler des mineures. Rue de Tilsitt, au cours d'une rafle, la police trouva une fille de quinze ans que son père accompagnait tous les jours, comme on amène sa progéniture à l'école. La directrice de l'établissement avait sur elle un carnet avec les adresses des clients, leur qualité, leur profession.

« – Pourquoi gardez-vous si précieusement ce carnet compromettant, lui demanda le capitaine (de gendarmerie) ?

– En cas d'ennui mes clients, tous gens bien placés, sont forcés de me défendre pour ne pas voir leurs mœurs livrées à la publicité.

– Elle est rien à la roue, dit un agent. »

En effet, elle ne fut pas poursuivie *.

La femme de Meyrenil, qui fournissait des petites filles, fut tout de même jugée à grand fracas. Les journaux titrèrent sur l'affaire de la rue Cambacérès et reproduisirent le dialogue suivant entre le juge et la tenancière :

* *Cf.* C. Virmaître, *Trottoirs et lupanars, op. cit.*

« N'êtes-vous pas honteuse, vous, une mère de famille, d'avoir livré à la débauche la plus crapuleuse des enfants jeunes ?

– Pourquoi, donc, mon président ? Quand vous veniez chez moi, les trouviez-vous toujours trop vieilles ? »

Les réputations se font vite et le fait d'avoir eu des démêlés avec la justice pour détournement de mineures rend la maison plus attractive encore... Les enquêteurs ont pu retrouver à l'époque certaines archives de maisons de rendez-vous, permettant de connaître l'origine des clients, celle des filles. Ainsi Macé, chef de la première division de la préfecture de police à Paris, a pu récupérer les archives de la veuve Fretille. Sa liste de clients se composait de gens très chics : « Jockey club, Armée, Marine, Magistrature, Finance, Industriel. » Sa liste d'intermédiaires, fournisseurs de femmes et de jeunes filles, était impressionnante : marchandes à la toilette, couturières, coiffeurs, tireuses de cartes, directeurs de bureaux de placement, sages-femmes, garçons de café... Virmaître, lui, a pu se saisir du cahier de ladite vicomtesse où il a trouvé ces notations sur ses clients :

« B... financier, 100.000 livres de rente, une fois par mois, une nouvelle petite fille de douze à quatorze ans au plus. Tout ce qu'il y a de maigre.

Toutes les semaines, la plus forte possible, 100 francs, une demi-heure : la beauté n'y fait rien pourvu qu'elle ait un estomac volumineux.

Madame de T. Après minuit ses jours de réception, veut une femme blonde, rousse de préférence, surtout pas de parfum, elle aime la femme au naturel.

Monsieur le comte de S. Lui conduire tous les samedis, chez Louise, une petite fille, marchande ou chiffonnière, douze ans, dans son costume de travail, ni peignée, ni nettoyée, ne lui fournir jamais la même.

M. D. Tous les mois, conduire la plus grande femme possible, la choisir indisposée et, recommandation expresse, qu'elle ne change pas de linge.

Le général T., vieux grognard, très difficile à contenter, ne veut que des petites filles de dix à onze. »

Certaines maisons se transforment en nouveaux lieux de débauches les plus extravagantes. Ils font concurrence aux grandes tolérances qui se sont recyclées en palais des glaces, rings de flagellation et maisons de tortures raffinées. Ils changent souvent de « marchandises », proposent toutes spécialités dignes de ressusciter les ardeurs des impuissants blasés et les virilités des vieillards les plus cacochymes. Les séances quelquefois tournent au drame : Hamel * raconte, par exemple, que des filles sortant des chambres de supplice sont obligées d'être hospitalisées. Il semble certain, tant les témoignages concordent, que des fillettes figurent parmi les « spécialités » les plus demandées et que certains établissements se sont bâti ainsi une notoriété. C'est le cas à Marseille, où Alain Corbin a pu retrouver dans les archives des Bouches-du-Rhône l'histoire de Pauline T., fillette de onze ans, racolée par une amie alors qu'elle vendait le journal cours Saint-Louis : « Depuis ce jour, déclare la petite fille aux policiers, je me vends chaque jour de 11 heures à 12 heures 30 et de 5 heures à 7 heures du soir chez la dame qui me donne 2 francs 50 à 7 francs. » Elle ne se livre qu'à des caresses manuelles ou buccales. « Un seul, ajoute-t-elle, m'a possédée complètement, ce qui m'a beaucoup fait souffrir. » Car les petites filles excitent

* M. Hamel et C. Tournier, *op. cit.*

fortement les messieurs... Certes, de fausses vierges, habilement parées et coiffées, escortées de fausses duègnes, jouent habilement aux petites filles perverses, mais inutile de se voiler la face : la prostitution des mineures est un fait non négligeable de la réalité de l'amour vénal entre 1830 et 1930. Personne d'ailleurs ne le conteste : ni la police, qui avoue, selon les endroits, inscrire des filles de douze, treize ans officiellement sur les registres (et l'immense majorité des règlements municipaux ne prévoit pas de limite d'âge pour l'inscription des filles) ; ni les médecins, qui voient dans les hôpitaux des filles de onze, douze ans gravement atteintes par la syphilis ; ni la justice qui, de temps à autre, décide de faire un exemple en faisant passer en procès des femmes (mères ou proxénètes) qui ont vendu leurs enfants. Personne ne songerait à le cacher, mais certains s'en indignent, et notamment les conservateurs et les cléricaux, qui voient dans ces enfants la source de dangers, de perversions, voire de crimes. Selon Emile Richard le nombre de prostituées mineures à Paris en 1890 est si considérable qu'il est devenu impossible à chiffrer : « Je n'essaierai même pas de l'évaluer de façon approximative. Depuis les petites bouquetières de douze à quinze ans qui sollicitent sur les boulevards et dans les quartiers du centre la lubricité des passants jusqu'aux jeunes raccrocheuses qui pullulent sur les boulevards extérieurs, aux abords des halles et des gares de chemin de fer, et même dans les rues les plus fréquentées, toujours suivies de l'inévitable souteneur, elles forment un contingent considérable parmi la légion des prostituées habituelles et rien ne saurait être plus urgent que de mettre un terme à leur inquiétant asservissement *. »

Dès qu'elles arrivent sur le trottoir, elles

* E. Richard, *La Prostitution à Paris*, 1890.

attrapent la syphilis. Les statistiques des médecins le disent : c'est dans la première année de métier que les risques encourus sont très importants. L'âge du trottoir s'abaisse sans cesse et inquiète les médecins et les juristes. Le phénomène, massif à Paris, s'étend vers la province. La *Revue Pénitentiaire* publie en 1904 une enquête sur la police des mœurs en province dans dix-sept villes. Elle signale et souligne le phénomène de la recrudescence de la prostitution des mineures à Lille, Grenoble, et au Havre où une fille de treize ans a été arrêtée dans une maison de tolérance. Une fillette de huit ans, violée par son père, se promenait escortée par la maîtresse de son père sur les grands boulevards à Paris. La plupart des petites filles, selon Reville *, sont vendues par leur famille pour se livrer à cet ignoble trafic mais certaines n'hésitent pas à s'offrir d'elles-mêmes. Des courtiers proposent dans la rue aux parents d'engager leurs fillettes de dix ans à venir poser pour des artistes, vendre des fleurs ou faire partie de concerts ambulants. Les petites filles sont partout : dans la rue, dans les bordels, dans les maisons de rendez-vous, dans les brasseries. « Vous savez, dit une femme de brasserie à Prévost, si vous voulez des gamines il y en a dans la chambre d'en haut. Il y a même la mienne, la petite Julie, une grande fille de douze ans qui n'est pas la plus laide ni la moins savante. » Dans les maisons de passe circulent très régulièrement des fillettes qui savent qu'elles trouveront toujours de l'emploi. La vision de l'enfance a de nos jours beaucoup évolué et le statut même des enfants s'est considérablement transformé. Mais comment ne pas avoir le cœur soulevé devant tant d'ignominie et d'innocence saccagée ?

* M. Reville, *La Prostitution des mineures selon la loi pénale*, 1896.

Max Chaleil * a beau nous rappeler qu'à Londres la situation est encore plus révoltante et que, dans certains bordels spécialisés, les murs étaient soigneusement capitonnés pour étouffer les cris des enfants, il n'en reste pas moins que le comportement de certains parents paraît difficilement justifiable. Dans les quartiers du centre de Paris et dans les quartiers voisins des barrières, des pères ou des mères emmènent régulièrement à la tombée du jour leur progéniture pour la remettre à de vieux libertins. D'autres livrent leurs filles à des tenancières qui les séquestrent et les offrent à leurs clients. Et puis il y a toutes celles qui vivent seules, sans ressources, en proie à toutes les tentations :

« On ne se doute pas de la quantité de fillettes, encore des enfants, qui sont absolument seules, abandonnées sur le pavé de Paris... Toutes les orphelines, les abandonnées, à qui personne ne prête attention, que père et mère ont plantées là pour ne plus s'en soucier, pauvres gosses vagabondes, vivant en sauvages, tels de vrais petits animaux, de rapines, de mendicité, couchant n'importe où dans un coin sombre, dans un hangar, parfois simplement à la belle étoile, et qui vont tout droit à leur destinée qui est " d'être des filles " **. »

La *Revue des Deux-Mondes* du 15 juin 1878 raconte qu'une mineure de douze ans, arrêtée par la police à Bordeaux, avait déclaré « se livrer à la prostitution clandestine et ne pas vouloir aller chercher ailleurs des moyens d'existence ». L'enquête révèle qu'elle avait déjà été arrêtée douze fois pour inconduite, que ses parents ne voulaient plus s'occuper d'elle. Elle sortait de l'hôpital des vénériens, et possédait une autorisation préfectorale. Le

* M. Chaleil, *Le Corps prostitué*, 1979.
** L.Bizart, *La Vie des filles*, 1934.

rapport de police conclut laconiquement « à l'inutilité de nos conseils ». Constatant le profit obtenu si vite grâce à ces petites filles « utiles », les proxénètes mettent au point un système de fabrication de virginités répétées à l'usage des clients qui, payant très cher, ne jouissent qu'en déflorant. La fille subit alors un traitement spécial : continence absolue puis resserrement des muqueuses : friction avec pommade astringente composée de vaseline blanche, de teinture de rose, de teinture de rouille, de teinture de capricum et lotion avec des macérations de quinquina gris. La fille soumise aussi à des bains de vinaigre fort et de teinture de rose rouge verra au bout de quelques jours son hymen restauré !

La police ne se vante pas d'inscrire les mineures dans ses registres mais elle ne lutte pas contre ce fléau. Louis Fiaux le déclare sans aucune hésitation : « Partout l'inscription des filles mineures et des fillettes se fait couramment et pour ainsi dire de façon régulière, en dépit de quelques hypocrisies procédurières * ».

A la préfecture de Lyon on les met sur une liste à part, à Paris on leur fait signer une demande d'inscription qui dégage la responsabilité du fonctionnaire. Même si dans les statistiques officielles elles n'apparaissent guère, quelques scandales éclatent devant la police correctionnelle. Le 8 avril 1894 comparaît devant le tribunal de Paris Marie Bourdon devenue « mère adoptive » d'une petite fille de dix ans qui était venue raconter sa vie au commissaire de police :

« Il y a un an maman a perdu un ami qui la faisait vivre et s'est trouvée très gênée alors elle m'a expliqué que, pour vivre, il fallait chercher des messieurs, dans les rues, sur les boulevards et se laisser

* L. Fiaux, *Les Maisons de tolérance, op. cit.*

embrasser, me disant que comme c'était par nécessité, il n'y avait pas de mal; elle me faisait faire ma prière le matin et le soir et m'emmenait à confesse. Un jour j'ai dit à mon confesseur ce que maman me faisait faire, il m'a dit que c'était très vilain, gros péché, et qu'il ne fallait pas recommencer; mais j'ai recommencé tout de même, maman m'ayant dit que nous y étions forcées pour vivre. Alors elle m'a emmenée sur les boulevards et a fait signe à un monsieur très bien qui nous a conduites chez nous en voiture et est monté dans notre logement *. »

La fausse mère écopa de cinq ans de prison, de mille francs d'amende et d'une interdiction de tutelle pendant vingt ans. La petite fille fut mise dans une maison de correction. Car c'est là où le bât blesse. La prostitution ne constituant pas un délit, la fille mineure arrêtée est envoyée dans une maison de correction, mise au banc de la société, isolée avec d'autres filles comme elles qui n'ont aucune envie de s'amender. Les législateurs, les ligues de moralité, les sociétés de patronage et même l'administration pénitentiaire s'insurgent contre ce système inutilement répressif. Pourquoi envoyer des filles à l'enfermement alors qu'elles ne sont pas coupables ? Pourquoi leur faire subir corrections et humiliations et ainsi renforcer leur désir de révolte et d'indépendance ? Les filles sont en effet placées soit à Cadillac soit à Doullens soit dans des établissements privés à Montpellier, Limoges, Rouen. Elles manifestent, selon les chefs d'établissement, la « gloriole de leur déchéance » affirmant haut et fort leur identité de « filles de noce ». Elles se disent très souvent « mariées » et couvrent les murs et les tables des noms de leur souteneur. Entre elles, elles parlent inlassablement des exploits de leur mac et de l'atti-

* *Gazette des tribunaux*, 8 avril 1874.

tude qu'il manifeste avec les femmes. Prises de temps à autre d'accès de fureur et de jalousie, elles essaient alors de tout casser, de tout déchirer. Dans tous les établissements des révoltes ont éclaté. Se prostituer n'est pas interdit. Pourquoi nous enferme-t-on ? Ma mère n'a jamais fait autre chose, mes sœurs non plus, pourquoi pas moi, puisque j'avais ma carte pourquoi m'a-t-on arrêtée, nous ne sommes plus des enfants et nous n'avons pas besoin de savoir coudre ni d'un peu d'instruction pour faire notre métier, revendiquent-elles. En juin 1908 des révoltes explosent à Rouen. Ni géhenne, ni gêne crient-elles. La *Dépêche de Rouen* relata l'événement :

« A six heures moins le quart, la voiture cellulaire arrivait dans l'établissement. On la fit pénétrer dans la cour, mais quand il s'agit d'y faire monter dix-neuf demoiselles, ce fut une autre affaire. Un gendarme qui accompagnait les voitures et un agent cycliste reçurent des coups de poing dans la figure, des agents furent mordus et frappés à coup de pied. Tout cela au milieu des vociférations les plus ordurières du répertoire des fortifs... Au débarquement à la prison les mêmes scènes se reproduisirent. Pendant le trajet elles avaient mis leurs vêtements en lambeaux et elles s'offraient aux agents. »

Les filles hurlèrent, se débattirent, l'une essaya de se taillader les veines avec l'éclat d'une vitre qu'elle brisa, et toutes, après un bref séjour à la prison de Rouen, furent transférées à la prison de Saint-Lazare où elles préparèrent une émeute qui éclata le 13 juillet 1908. Elle fut d'une violence inouïe. Les conditions de détention y étaient terribles. Jusqu'en 1870 les mineures étaient enfermées dans une ménagerie. Oui une ménagerie! Une révolte que seule la faim réussit à calmer fit fermer la ménagerie. Les filles furent ensuite mises dans le deuxième quartier de la troisième section. Elles dormaient dans des dortoirs que Guyot * décrit ainsi :

« Figurez-vous des petites cages, en treillis de fil de fer, avec des montants en bois, comme des cages de singes, accouplées deux par deux. Les deux lits se touchent, séparés seulement par le treillis de fil de fer. Les cages ainsi jumelées ont leur côté mitoyen : seulement elles sont placées dans une longue salle, de sorte que devant et derrière elles se trouve un couloir. L'air ne saurait se renouveler dans ces boîtes : la promiscuité est complète sauf le treillis de fer. »

Le 13 juillet 1908 il fallut opérer de toute urgence des transferts à Fresnes. Clemenceau lui-même vint essayer de mater la révolte sur place. Par un geste « qui manquait de pudeur » elles firent comprendre au chef du gouvernement qu'il n'y arriverait pas. Le voyage pour Clermont-sur-Oise ne fut pas de tout repos pour les policiers! Arrivées sur place elles « jetèrent leurs sabots et leurs bonnets par-dessus les sentinelles » et deux jeunes filles réussirent à s'évader. Un second convoi arriva ensuite en gare de Clermont – les filles avaient « le corsage ouvert puis elles relevèrent leurs jupes en montrant leur ventre ». Le 14 juillet 1909 une nouvelle mutinerie éclata. Le noyau de prisonnières turbulentes fut envoyé à la prison de Bonne-Nouvelle. Pendant tout le trajet elles hurlèrent l'Internationale, entrecoupée de chants obscènes.

Après une lutte tenace et constante de Béranger, qui soumit au Sénat un projet de loi pour essayer d'endiguer la prostitution des mineures, et, sous la pression des ligues de moralité et d'associations de médecine, le gouvernement vota la loi du 11 avril 1908 qui prévoyait le placement des prostituées mineures de moins de dix-huit ans dans des asiles.

* Y. Guyot, *La Prostitution*, *op. cit.*

La loi ne fut mise en application qu'en avril 1909, les écoles et les asiles prévus n'avaient toujours pas été construits. La loi sur la prostitution des mineures demeura, dans la réalité des faits, lettre morte...

« Pendant les trois semaines que j'allais faire mon métier aux fortifications, je n'ai toujours pas eu le même homme qui voulait voir mon petit chat et je vous assure que j'avais des clients jeunes et vieux. Il faut avoir vu cela de près comme moi pour se rendre compte de ce qu'il y a de salauds, qui, l'été, pullulent sur les fortifications, cherchant des fillettes! J'en ai même vu qui faisaient comme moi et qui n'avaient pas dix ans.

Mais moi, forte, bien constituée, avec mon petit bouquet de poils noirs, ma figure pas trop désagréable et toujours propre, j'avais eu la préférence. »

Ainsi parle à l'âge de treize ans Henriette Guillemot dans l'autobiographie qu'elle a remise elle-même au peintre Morerod et qui dort, sous forme manuscrite, dans un carton de l'Arsenal. Amie de deux petites sœurs prostituées par leur mère à l'âge de douze ans, elle apprit « comment ses sœurs faisaient avec les hommes dans le lit ». Ce n'est pas dans les lits mais en plein air qu'elle se donne régulièrement sous l'autorité d'un souteneur de seize ans moyennant 2 francs la passe.

« Je demeurais à Saint-Ouen et tranquillement, pour un peu plus d'argent, assise sur l'herbe, je montrais à des vieux et à des jeunes curieux ce que toute jeune fille cache sous ses jupes et ne montre qu'à son amant. Ah! Si vous les aviez vus à plat ventre, ne perdant pas de vue mon petit chat noir et me faisant des signes de relever mes jupes plus haut... J'ai vu des hommes de vingt-cinq, trente ans accoster et provoquer des enfants de huit à dix ans... »

LES FILLES DES CHAMPS

Ce type de prostitution existe beaucoup à la périphérie des villes où on pratique de façon épisodique. Le commissaire de police de Château-Gontier le confirme en 1849 : « La plupart de ces prostituées vivent dans leur famille, travaillent le jour, ne se livrent à la débauche que le soir dans la campagne, sur les promenades pendant la belle saison et dans les maisons de passe pendant les mauvais jours *. »

A Laval, en 1865, une fille déclare « qu'elle avait reçu une fois dans un pré touchant la rue Crossardière deux francs d'un individu qu'elle ne connaît pas et l'avoir baisé dans un petit clos joignant la rue Crossardière pour deux francs ». Les filles recherchent les espaces situés entre la ville et la campagne car ils ne sont pas soumis aux réglementations d'usage. L'été elles partent – y compris les très jeunes, celles de douze, treize ans – et désertent plusieurs jours le domicile familial, couchant dans les champs, buvant avec les hommes. Des cabarets s'ouvrent en plein bois dans la région d'Angers : « Les champs qui avoisinent les cabarets servent d'asile au libertinage le plus éhonté et les récoltes et les fruits sont dévastés ** »

Dans les campagnes les commissaires se plaignent des armées de filles publiques qui, l'été, se retrouvent sans domicile fixe et pillent les champs. Au bord de la Mayenne, par un bel après-midi de juin 1846, un journalier tombera sur un bien étrange

* J. Terneau, *op. cit.*
** *Idem.*

spectacle : « J'ai vu des hommes et des femmes que je ne connais pas qui se baignaient. Les femmes étaient vêtues. Les hommes m'ont paru nus ; ils étaient dans l'eau. J'ai vu un homme et une femme qui s'étaient rapprochés l'un de l'autre, la femme était comme assise. Je lui voyais ses genoux. L'homme était très rapproché d'elle et ils se tenaient l'un et l'autre par-dessus les épaules. C'est en voyant cette position que je crus qu'ils coïncidaient, les autres jouaient et folâtraient dans l'eau *. »

Il paraît difficile de se faire une idée de la prostitution à la campagne. Les sources sont peu nombreuses et difficiles à trouver. La prostitution semble donc être, comme au XVIIIe siècle ** non seulement une réalité urbaine mais aussi être associée à un imaginaire urbain très fort. La vision de la sexualité semble différente, les mœurs sont plus libres. Faire l'amour n'est pas toujours une histoire et ne demande pas tant de cérémonial qu'en ville. Certaines femmes se livrent à la débauche sans pour autant être des prostituées car, le reste du temps, elles travaillent aux champs et élèvent leurs enfants. Une jeune fille, dite « la Mitrailleuse », emmène ses clients dans les champs à côté de chez elle. L'action se passe en Mayenne, en juin 1872 :

« Nous nous rendîmes dans un champ, à cent mètres de mon habitation... Je me suis, arrivant dans le champ, couchée sur le dos, relevé mes jupes et le nommé C. s'est amusé de moi pendant une heure et demie. »

* J. Terneau, *op. cit.*
** A. Farge, *Vivre dans la rue au XVIIe siècle.*

LES FILLES DU BOUT DE LA NUIT

Des femmes vagabondes suivent les grandes migrations d'hommes à travers la France : soldats en déplacement, ouvriers travaillant à la construction des chemins de fer. Certaines se cantonnent près des forts et des casernes. On les appelle les filles à soldats. Elles sont souvent vieilles, laides, repoussantes et s'entassent l'été dans les granges, l'hiver dans les maisons en construction. « C'est le long des sentiers, des chemins, à toute heure du jour, et sans être retenues par la présence des passants qu'elles s'abandonnent aux soldats et se livrent aux actes de la plus sale débauche * ».

Ce sont souvent d'anciennes domestiques ou des ouvrières âgées mises à la porte des ateliers. Quelquefois elles se contentent d'un morceau de pain en guise de récompense. Filles de la boue et de la lie, filles en fin de carrière, filles déguenillées, filles avinées, filles qui provoquent le dégoût et la commisération des moralistes : « Des filles trop pauvres et trop bon marché pour qu'on puisse bénéficier d'elles. On n'en tire parti que pour le débit qu'elles font naître dans les boutiques; elles sont d'ailleurs pour la plupart d'une telle laideur et à tel point dégoûtantes qu'elles ne peuvent séduire que ceux dont la raison est altérée par les fumées du vin, ou qui ne vivent que dans les ténèbres **. »

Encore plus bas on trouve la catégorie dite des marcheuses : femmes trop vieilles pour pouvoir

* Dr A. Parent-Duchâtelet, *op. cit.*
** *Idem.*

encore faire le trottoir, elles s'établissent dans les lieux de débauche où elles essaient de se rendre utiles. Elles font les courses, accompagnent les filles aux bains, les conduisent à la visite sanitaire ou à la police, leur donnent le bras sur les grands boulevards.

Catulle Mendès a décrit avec haine et mépris cette cohorte de filles prêtes à tout pour gagner quelques sous. Dans *La Femme-enfant* plusieurs d'entre elles répondent à une offre de théâtre miteux et montent sur la scène pour passer une audition devant les yeux du metteur en scène horrifié : « Les jupes et les pantalons s'enflaient et ballotaient à l'aise, des rondeurs proéminentes jusqu'à la difformité où s'effilaient, sans mensonge de rembourrage et d'étoffes bouffantes, des éticités de squelettes... Sur des yeux éteints, ensanglantés, des veinules crevées, des paupières sombrées d'un bleu ardoise qui était peut-être l'affleurement de secrétions cadavériques. Du rouge brique crevait aux pommettes, la blafardise des peaux enduites de blanc plâtre qui s'écaillait aux tempes, se grumelait entre les rides des bajoues et du cou... Les chevelures, tordues au chignon par la hâte d'une toux de morte, ou recroquevillées en frisures courtes et dures... Des teintures au rabais... Qu'est-ce que c'était que ces femmes? Quel bouge de banlieue, où les filles, hideuses d'être déshabillées, un reste de cigare mâché aux lèvres s'accoudent à la table des maçons blancs de plâtre, les avait lâchées? Par quelle aberration en venaient-elles, monstrueuses, de s'offrir aux yeux, bras nus, seins nus et le maillot collé aux cuisses dans la splendeur flambante des satins et des brocards, sous la transparence des gazes lamées d'or * ? »

Mais il y a pire encore... Au bout de la nuit sur-

* C. Mendès, *La Femme-enfant*.

vivent les pierreuses ou femmes de terrain. Elles sont si repoussantes qu'elles ne sortent jamais avant la tombée de la nuit. Elles rôdent dans les endroits retirés et travaillent de mèche avec des bandes de malfaiteurs. Elles errent sur les terrains vagues au milieu des pierres de taille et des bois de construction des chantiers. Elles dorment dans les marchés, sur les quais des rivières, comme des oiseaux de nuit voraces, elles s'attaquent au client isolé en s'élançant sur lui et en s'y cramponnant jusqu'à ce qu'il crache une aumône. Sans feu ni lieu elles réussissent à échapper à la police. A Paris elles résident sous le pont du Châtelet, sous la Concorde : « Quand, sous la lune jaune, tu rôdes dans le gravier gris, de tes deux narines l'une flaire le danger et l'autre la proie. Tu fuis le danger. Tu cours à la proie *. »

Pierreuse de la boue, dite « l'Épitaphe, agonisant de phtisie, se donnant pour 50 centimes et mourant sous l'étreinte d'un grand gars de Pont-l'Abbé ou de Concarneau qui la besognait trop rudement **, pierreuses si effrayantes qu'elles provoquent l'épouvante et que, souvent, elles ne sont que des « manuelles » tant le dégoût de s'unir avec elles est grand. » Dans certains quartiers des grandes villes on rivalise d'horreur et de misère. A Paris une sorte de ruelle conduit aux masures lépreuses des rues Monjol et Asselin où vit une humanité en déroute.

« Des garnis sans rideaux, des gargotes, des débits grouillants de vermine, occupent, entre les loges des filles, la longueur des façades et une humanité malpropre, hébétée, loqueteuse, s'agite machinalement... Ici la cuvette encore pleine avec

* M. Choisy, *Un mois chez les filles*, 1928.
** L. Bloy, *Sueurs de sang*, 1892.

son unique serviette qui séchait contre le poêle était restée par terre. Là, sous la couverture brune d'un pajot, des traces de boue récente se voyaient. Des odeurs de pétrole, de cosmétique, d'urine, d'humidité, m'entouraient. Et, sur la cheminée particulièrement sale d'une loge, deux gros verres de vin rouge attendaient vraisemblablement qu'un client s'offrît *. »

Les filles exercent dans des maisons dites garnis de tolérance pour un loyer d'un franc par jour. Ce sont des simples chambres au rez-de-chaussée, prenant jour sur la voie publique par une fenêtre et une porte. Elles sont assises sur le seuil de la porte et appellent les passants. Souvent elles laissent la porte ouverte et le passant peut les voir cuisiner, manger, se coiffer. La porte fermée signifie que la fille est « occupée ». Les pierreuses errent la nuit près de ces garnis et proposent des prix encore plus bas. Frégier, au cours de ses tournées, a observé dans Paris des populations entières de prostituées vivant couchées sur des chiffons ramassés dans la rue, dormant dans des maisons où du papier huilé remplace les vitres et où les ordures s'accumulent dans l'escalier. Macé, ancien chef de la Sûreté, parle de cloaques immondes dans le quartier Bonne-Nouvelle à Paris où des prostituées sur le retour se vendent moyennant 15 à 30 centimes dans des cabinets. Ce genre de commerce est à rapprocher de celui pratiqué à Marseille dans des cabinets près du port. « Depuis dix ans je suis employée comme servante non rétribuée dans le lieu d'aisance... Je me livre en plaisir aux hommes, me pliant à toutes leurs exigences, je fais payer 2 francs la passe, et je partage avec la tenan-

* F. Carco, *L'Amour vénal*, *op. cit.*

cière *. » Le maire de Marseille ne parvint pas à faire fermer ces lieux de débauche.

LES MAQUEREAUX

De haut en bas, de la maison de rendez-vous bon chic bon genre au bouge infâme, la prostitution des filles en carte et des insoumises s'étale, utilisant toutes les stratégies pour cueillir les clients dans les rêts de leur désir. Les filles libres ne chôment pas. Les souteneurs veillent au grain. Elles travaillent sans doute plus que les filles de bordel et sont astreintes à des conditions physiques plus éprouvantes. Une fille sans souteneur n'est pas une fille. Pour bénéficier de son bout de trottoir, de sa chambre, de son garni, elle doit passer par la protection de son souteneur, de son maquereau, de son *alter ego*, de son amant, de son maître, de son tyran. Le souteneur est celui qui vit aux dépens de la fille en échange d'une protection et d'une surveillance continue. Le souteneur n'est pas l'amant de cœur librement choisi et avec qui la fille de bordel décide de faire ses escapades amoureuses. Il n'est pas non plus le « soutenu », le client préféré de la demi-mondaine ou de la fille de brasserie qui vit à ses crochets et reçoit de l'argent d'elle. Le souteneur est celui qui, très souvent, a défloré la fille, vit avec elle, la suit dans ses pérégrinations de travail : installé à la terrasse d'un café il surveille ses allées et venues sur le trottoir ou le nombre de ses clients dans les hôtels de passe. Il court à son secours au moment des rafles et la recueille livide et exténuée, au petit matin, dans un hôtel minable où elle finit par s'endormir dans ses bras. Il est à la fois le violeur et l'amant, le séduc-

* Archives départementales des Bouches du Rhône, citées par A. Corbin, *op.cit.*

teur et l'employeur, le patron, l'ennemi et le confident. Selon Restif de la Bretonne, ce mot de maquereau vient de « machœrophrus » : porteur d'épée, et ne signifie pas autre chose que gendarme. Le maquereau ou le marlou, le matou, le marle, le marloupiot. Il existe des souteneurs honteux, des souteneurs de barrière, des souteneurs du centre. Le souteneur honteux vit en mettant sa femme, généralement ouvrière, sur le trottoir pour arrondir ses fins de mois. Le souteneur de barrière, lui, sévit à Grenelle, La Villette, Belleville, Ménilmontant, Charonne, les Halles. Jeune ouvrier au chômage il commence à être le « petit homme » d'une vieille pute, puis il cherche une véritable trimardeuse, tandis que le souteneur du centre est un ancien garçon de café, garçon d'hôtel ou employé. Trois Œils fait partie de la seconde catégorie. Sur la butte Montmartre il faisait régner sa loi et tous les soirs montrait son pouvoir au bal de l'Élysée-Montmartre :

« Un type qu'on appelait " Trois Œils " à cause d'un énorme grain de beauté qu'il possédait à la tempe droite et qui procurait, en échange, l'impression quand remuait la tête du personnage, de former une troisième prunelle, régnait sur l'établissement. C'était une terreur véritable qu'on apercevait chaque soir, attablé parmi ses lieutenants dans un angle de la salle où des femmes, tour à tour, venaient s'asseoir et lui offrir un verre avant de repartir tirer suivant leur expression ! pour l'atelier. Grand, vigoureux, placide, inexorable, il avait des ruses, des vengeances d'apache et les huit ou dix créatures qui se disputaient l'honneur de lui verser sur leur recette la « part du lion » jouissaient dans les bars et les boîtes de nuit d'un prestige que les autres filles leur enviaient ! " C'est une môme à Trois Œils " se disaient ces messieurs quand l'une d'entre elles se permettait de refuser une danse. “ Laisse tomber, pas d'histoire ” *. »

Pas d'histoire en effet : la fille appartient à son mac, corps et âme. Avec lui elle dort, avec lui elle fait l'amour, avec lui elle doit jouir. La fille ne s'autorise pas de plaisir avec ses clients; elle serait alors considérée comme une vicieuse : on l'appelle une paillasse ou un paillasson. Une fille qui jouit se dépense et perd de sa valeur. Le souteneur doit bénéficier seul de ce droit de jouissance. Il est aussi le seul père possible de ses enfants. Un lien entre amour, jouissance, maternité ? Très certainement. Les enfants qu'elles attendent sont les enfants de l'amour : « Elles n'admettent pas qu'on leur manifeste un doute sur l'origine de leur grossesse. Elles ne peuvent être mères que du fait de leur souteneur. Elles considèrent comme illusoires les approches d'autres hommes qu'elles endurent par métier et qui ne leur procurent aucune de ces sensations qu'elles croient indispensables à la conception. Leurs souteneurs sont seuls capables de les féconder, parce que eux seuls donnent pleine satisfaction à leur désir **. » Avec les clients elles mettent des éponges en guise de moyen contraceptif. Avec le souteneur elles s'offrent totalement.

Ils ont entre dix-huit et cinquante ans, s'occupent du maquignonnage des chevaux et de la vente des billets de théâtre pour les pièces à succès. On les trouve sur les champs de courses, dans les fêtes foraines où ils tiennent les loteries et les jeux de hasard. Quand ils ont besoin d'une nouvelle femme – ils appellent cela « faire nouvelle femme » – ils s'embauchent momentanément comme garçons de café ou apprentis coiffeurs. La littérature, le théâtre

* F. Carco, *Bohème d'artiste*, 1942.
** F. Carlier, *Les Deux prostitutions*, *op. cit.*

ont « chargé » le mac en faisant de lui un bandit dangereux, un apache agressif, un être cynique et immonde qui, affalé sur une chaise de bistrot en face de la maison de passe, coche le nombre de fois où sa « marmite » monte en se soûlant à l'absinthe. Il la roue de coups, il l'insulte, il lui prend son argent quotidien, mais elle l'aime... Pourquoi ? Quelle est la nature de ce lien ? Autant les moralistes admettront à contrecœur, mais admettront tout de même que dans le cœur de toute prostituée il y a de la douceur et de la bonté qui sommeillent, autant ils noirciront la figure du souteneur en le transformant en bête humaine, qui abuse de son pouvoir maléfique en jouant tour à tour de la séduction et de la terreur :

« Jeune ou vieux, il est querelleur, paresseux, gourmand, voleur. Il attaque les passants la nuit sur les grands chemins. Lorsque l'occasion s'en présente, il est pédéraste et fait du chantage. Au physique il est généralement bien pris et robuste. Il est d'une coquetterie de mauvais goût. Son costume, dont chaque pièce a été achetée isolément et à des époques diverses, selon les aubaines de sa maîtresse, forme un bariolage bizarre d'élégance et de misère. Il pousse à l'excès la passion des bijoux. Querelles et luttes sont ses plus agréables occupations : combats de chiens ou d'hommes, que lui importe pourvu qu'on se batte... Au moral il n'a que des mauvais instincts... La jalousie a encore prise sur lui, mais sa jalousie elle-même est la plus grande preuve la plus évidente de sa dégradation *. »

Ils se lèvent tard, « relèvent les compteurs » en début d'après-midi au domicile des filles, passent le reste de l'après-midi au café ou dans les fêtes foraines et, dès sept heures du soir, suivent leurs femmes dans la rue. Elles leur abandonnent tout :

* F. Carlier, *Les Deux Prostitutions*, op. cit.

argent, honneur, dignité. A la fois juge et partie de leur si triste vie, ils représentent l'oasis, le refuge, la protection. Ils justifient un peu leur existence en lui donnant un sens. Cette frénésie du dévouement, ce masochisme assumé ont des allures de relèvement et de rachat qui évoquent le sentiment d'immolation que peut provoquer la maternité. L'intensité de ces rapports peut se lire dans les tatouages qu'elles se font, inscrivant sur leur propre peau le marquage indélébile de leur amour. Le poignard, le cœur, la colombe désignent généralement la nature de leur lien. Les dessins ont souvent été exécutés par les maquereaux eux-mêmes. En cas de rupture, symbolisée par une flèche brisée, par des larmes qui tombent, par une tombe, les amies de la fille ou un professionnel ont pris le relais. Difficile de lire dans cette série de signes si émouvants, analysés par Parent-Duchâtelet puis par Leblond et Lucas, le témoignage d'un esclavage. Si certains se hasardent à parler de relation sado-masochiste ou d'asservissement consenti, il est impossible de le déduire des rares témoignages qui nous restent des prostituées elles-mêmes, paroles prononcées devant les tribunaux, lettres retrouvées dans des bordels en cours de destruction. Elles ont beau être battues, injuriées, mises au turbin, exploitées, les filles leur restent entièrement soumises. Qu'est-ce qui fonde pareille soumission ? La peur ou le désir ? L'insécurité d'un mode de vie où la nécessité d'être protégée a pour ainsi dire force de loi ? L'ambiguïté de telles relations, en tout cas, peut tourner au drame : combien de filles ont été retrouvées sur le trottoir, baignant à l'aube dans une mare de sang, sans que la police ne puisse jamais élucider le crime ? Carco évoque Pépée la Panthère trop libre pour continuer à vivre : « Pauvre Pépée ! Je la revois avec ses jupes courtes, son chandail, ses bottines vernies, ses cheveux blonds et son joli visage. Mal lui en a pris de ne dépendre d'aucun de ces messieurs. Elle donnait le mauvais exemple. Elle était trop portée à rire, à s'amuser, trop facile, trop différente des autres et je me souviendrai longtemps de l'espèce de satisfaction qu'éprouvèrent dans un bar plusieurs femmes de maison qui, apprenant cette mort par les journaux, déclarèrent : " Une de moins " *. »

Pour Béraud marlou rime avec violence : « Il est froidement atroce dans ses expéditions sanguinaires. Son âme est lâche efféminée et sa volonté de fer dans l'exécution d'un crime **. » Et pourtant... Et pourtant, le contrat subsiste, malgré ou à cause de la terreur, des coups, des invectives, des mauvais traitements, des abandons successifs, de l'ivresse. Les médecins le disent : on voit venir à l'hôpital, les yeux hors de la tête, la figure ensanglantée et le corps meurtri de coups, des filles qui, à peine guéries, retournent avec eux.

« L'une d'elles, voyant rentrer son " homme " dans Paris dans un état complet d'ivresse, le suivait de loin pour le surveiller. L'ayant vu tomber dans un fossé, elle courut chercher du secours, aida à le relever mais elle se constitua à l'instant prisonnière au poste voisin " pour se soustraire à sa fureur ". Le lendemain elle alla le chercher au dépôt de la préfecture où elle sut qu'il avait été transporté.

Une autre, voulant arrêter son amant qui, un marteau à la main, brisait sa glace, ses meubles et tout ce qu'elle avait, augmenta tellement la rage de ce furieux que, poursuivie elle-même, elle ne put échapper à une mort certaine qu'en se précipitant par la fenêtre du troisième étage ; guérie de quelques

* F. Carco, *De Montmartre au Quartier latin.*
** F.F.A. Béraud, *Les Filles publiques, op. cit.*

contusions, résultat de cette chute, elle retourna avec le même homme qui, six mois plus tard, dans un cabaret des barrières, la mit dans la nécessité de se jeter encore par la fenêtre *. »

Comment interpréter ? L'existence de la fille devient odieuse, mais comment en changer ? Où qu'elle aille, pourvu qu'elle paraisse sans défense, elle sera traquée par un autre qui sera peut-être encore plus violent, encore plus fou. Claques, argent, insultes, argent... claques, de nouveau... A l'aube, l'infernal manège recommence. Léon est le mac de Valentine. Valentine est la marmite de Léon. Léon bat Valentine. Valentine survit, le corps continuellement secoué de crises de larmes. Léon trafique la cocaïne. La vie de Valentine ressemble fortement à l'enfer. Léon se fait arrêter par la police. Il écrit immédiatement à sa fille. Lettre d'amour ? Lettre d'affaire ? « ...Ma première lettre est pour toi... car de t'écrire je me sens moins le cafard... Que deviens-tu ? Comment fais-tu sans moi ? A la maison quoi de nouveau ? J'attends de tes nouvelles... et aussi que tu me rendes visite le jeudi dans cette maudite prison où on te délivrera une autorisation. Là, je t'expliquerai de vive voix mon malheur et tu verras que je n'exagère pas. Tu viendras avec de l'argent... Cinquante francs par semaine suffiront. On n'accepte pas plus au greffe. Il faudra aussi payer mon avocat et je compte bien sur toi, sur tes économies dans ton travail, sur ton bon cœur pour ne pas me laisser tomber. Ne fais pas comme il y en a qui profitent de ce que leur parent est dans le trou pour s'en filer plein la lampe et ne plus s'occuper de lui. Ce ne serait pas bien agir qu'imiter cet exemple, car un jour peut arriver que ça soye toi qui serait à ma

* L. Taxil, *op. cit.*

place et moi je jure que je me conduirai régulièrement si pareille calamité se produisait *. »

Léon appartient à la catégorie du souteneur de barrière qui surveille son armée de poupées, trafique de la cocaïne à Pigalle et n'hésite pas à s'attaquer, en cas de besoin, aux passants. Monsieur Dugatel qui, lui, n'est pas un personnage de roman, appartient à la classe des souteneurs honteux qui vivent maritalement avec leur maîtresse qu'ils exploitent férocement. Monsieur Dugatel a trop torturé sa maîtresse. La vengeance est quelquefois longue à venir. Il trouvera la mort, poignardé, dans un infâme caboulot de la rue de Vaugirard. La douceur des filles a des limites. L'amour est sans doute le mobile du crime. Le 19 septembre 1844, madame Delplanque, quarante-deux ans, « livrée depuis longtemps à la plus infâme profession », comparaît devant le tribunal de Paris **. Elle est accusée d'avoir donné un coup de couteau ayant entraîné la mort de celui qui l'a reçu.

« *Monsieur le président* : – Quels sont vos noms et prénoms ?

L'accusée répond d'une voix émue et en pleurant : – Je me nomme Yacinthe Victoire Josèphe Delplanque.

Monsieur le président : – Quel état exercez-vous ?

L'accusée garde le silence.

Le silence dit assez : l'instruction et les débats ne permettent pas d'ailleurs d'ignorer.

Monsieur le président : – Vous vivez depuis longtemps avec Dugatel ?

L'accusée : – Depuis sept ou huit ans.

* C. L. Philippe, *op.cit.*

** *Cf. Gazette des Tribunaux*, 20 septembre 1844.

Monsieur le président : – Vous partagez avec lui le produit de votre infâme métier ?

L'accusée : – Oui M'ssieur, et quand je ne rapportai pas assez il me battait.

Monsieur le président : – Vous paraissiez aimer cet homme ?

L'accusée : – Oui monsieur, je lui disais quand il me battait : "Tu veux donc me faire comme à ta femme légitime, me faire mourir à petit feu ? Tu as des enfants, envoie-leur de l'argent. Je ménagerai sur ce que je gagne et de temps en temps tu pourras leur envoyer cinq francs. " " De quoi ! De quoi ! " répondit-il ; " leur envoyer de l'argent ! Plus souvent ! Et moi donc ! " J'ai essayé plusieurs fois de travailler dans des maisons ; partout où j'allais, il me suivait, et faisait si bien que j'étais renvoyée de partout. Quand j'étais revenue avec lui, il recommençait à me battre... J'ai la tête pleine des coups de forets (instrument dont se servent les garçons de vin pour piquer les barriques) qu'il m'a donnés (l'accusée pleure abondamment). Je n'osais jamais aller me plaindre chez le commissaire de police. " C'est moi qui vais y aller. " Et il me forçait à venir avec lui jusqu'à la porte où il n'entrait jamais. »

Elle quitta alors la prostitution et entra dans une maison comme domestique. Il la poursuivit. De désespoir elle se jeta dans un puits. Il la sauva et la força à refaire le trottoir.

– Quand je n'apportais rien, il me disait : " Tu es en ribotte. "

En ribotte quelquefois j'étais 48 heures sans manger. Puis j'étais dans la peine à Saint-Lazare où j'ai resté trois mois. A ma sortie, je le trouvai sans le sou, sans souliers ; je lui achetai des effets avec l'argent que j'avais économisé à la prison. »

Elle se retrouva alors prostituée dans un cabaret.

– Vous étiez souvent dans un état d'ivresse ?

– Les personnes qui venaient chez le marchand de vin me disaient souvent : “ Mademoiselle voulez-vous accepter un verre de vin ? ” Un verre de vin, monsieur le président, ça ne se refuse jamais (on rit).

– Revenait-il boire dans ce cabaret ?

– Quand il avait quelques sous il venait les dépenser là... Surtout le dimanche ; il me battait et on était obligé de me cacher dans une chambre.

– C'est un dimanche qu'a eu lieu la scène qui a eu lieu ici ?

– Oui, quand il est arrivé, il n'a trouvé dans le cabaret qu'une femme qu'on appelle la Hure de Cochon. Il se mit à causer avec cette fille. Je lui dis : “ Laisse-le donc partir. Il se fait tard. Il cherche encore à me battre. ” Peut-être cette fille lui a redit ça car il vint vers moi et me dit : “ Dis-donc, chameau, tu m'insultes toujours. ” J'étais dans la cuisine. Il me donna des coups de pieds... Alors je pris ce malheureux couteau et... (l'accusée est suffoquée par les larmes)... C'est lui, plus de dix fois qui a voulu m'assassiner. Tenez, voyez. L'accusée écarte le châle qui couvre sa poitrine et montre des cicatrices. Voilà les traces des coups de couteau qu'il m'a portés. Je ne me suis jamais plainte. Je l'aimais trop pour ça. »

La fille Delplanque fut acquittée.

Il existe aussi les souteneurs de café qui se disent chanteurs, coiffeurs, athlètes de foire. Parmi eux on trouve la catégorie dite des lanceurs qui apprennent aux filles l'entraînement et le tarif. Extrêmement bien habillés, souvent cultivés, ils méprisent les casquettes de soie et sont eux-mêmes méprisés par les souteneurs du grand monde qui portent le gardénia à la boutonnière et traînent dans les salons à la recherche d'aventurières du sexe. Il ne faut pas pour autant oublier les libertins titrés, les étudiants ruinés, les commis marchands et les échappés du bagne. Le souteneur prend donc de multiples aspects et tant son statut que son apparence évoluent au cours du siècle. Malgré l'hétérogénéité de la « profession », quelques tentatives de corporatisme apparaîtront.

Ainsi, dès 1830, à la suite de l'ordonnance de la préfecture qui interdit aux filles publiques de faire le raccrochage sur la voie publique, des souteneurs se réunirent pour envoyer une pétition au préfet sous la forme d'une brochure intitulée : « Cinq cents voleurs de plus à Paris ou réclamation des anciens malades de la capitale contre l'ordonnance de Monsieur le Préfet de police. »

« Un marlou, Monsieur le Préfet, c'est un beau jeune homme, fort solide, sachant tirer la savate, se mettant fort bien, dansant le chahut et le cancan avec élégance, aimable auprès des filles dévouées à Vénus, les soutenant dans les dangers imminents, sachant les faire respecter, les forcer à se conduire avec décence, oui, avec décence... Vous voyez donc qu'un marlou est un être moral, utile à la société et vous venez le forcer à en devenir le fléau, en forçant nos particulières à limiter leur commerce à l'intérieur de leur maison... Nous ne sommes pas des ambitieux, nous, nous ne voulons pas comme les chevaliers du lustre, acheter des maisons; comme monsieur Vidocq acheter une superbe maison de campagne, avoir un cabriolet, et faire parler de nous en publiant nos mémoires. Nous voulons seulement boire, jouer, fumer, lire, aller au spectacle, danser et nous promener, enfin vivre au jour le jour, et rendre heureuse celle qu'une malheureuse destinée a plongée dans la prostitution. Avec votre ordonnance qu'allons-nous devenir ? Je n'en sais rien car nous avions nos occupations. L'argent que nos dames nous donnaient pour nous éloigner de chez elles, nous le versions chaque soir selon nos goûts et nos habitudes. Tous mes confrères et moi allons être plongés dans la détresse par votre ordonnance et que je n'exagère pas quand je vous dis que vous allez créer cinq cents voleurs de plus. Et comme nous ne voulons pas enfin augmenter le nombre de ceux qui encombrent les prisons et les bagnes, de grâce, Monsieur le Préfet, détruisez par une nouvelle ordonnance l'effet de votre dernière et rendez aux honnêtes citoyens la sécurité que vous leur avez fait perdre *. »

Quarante ans plus tard, au moment où, à Paris, la police avait arrêté plusieurs d'entre eux au domicile de leur maîtresse pour les emmener à la préfecture de police où ils furent, devant un tribunal, relaxés, ils fondèrent une nouvelle association pour tenter de faire accepter par la justice l'inviolabilité de l'asile que leur donnait le domicile des filles publiques. Il n'était en effet pas rare que les souteneurs se cachent sous le lit de leur maîtresse et dépouillent le client!

Combien sont-ils? Même s'ils infestent les grandes villes semant la gangrène du vice, selon les moralistes qui pensent qu'il devient urgent de les punir sévèrement et de les envoyer aux colonies, il est impossible de donner un chiffre : à Paris, au même moment, en 1891, *Le Temps* donne le chiffre de 50.000, tandis que la police, plus prudente, avance celui de 10.000. Il semble en revanche certain que la quasi-majorité d'entre eux a appartenu au monde de la délinquance : repris de justice pour la plupart, ils s'étaient recyclés à leur sortie de prison

* Texte cité par L. Taxil, *op. cit.*, et aussi par F.F.A. Béraud, *op. cit.*

dans l'exploitation des filles. La justice en tiendra compte et la loi du 27 mai 1885 sur la relégation des condamnés récidivistes assimile les individus connus notoirement comme souteneurs aux vagabonds ou aux gens sans aveu, qu'ils aient, ou non, un domicile fixe, de sorte qu'ils encourent les peines prévues par l'article 69 du code pénal.

Le souteneur, au fil des ans, change de visage : abandonnant son allure de rastaquouère aux cheveux huilés, sa dégaine de voyou avec ses larges pantalons à carreaux, sa casquette voyante, il va progressivement s'habiller comme un bourgeois, se fondant dans la masse des danseurs des bals populaires et des consommateurs de café. Il durcit ses rapports avec sa clientèle : patrons de bordel, clients, policiers ayant tendance à le prendre pour un caïd. Jeune, de plus en plus jeune, du haut de ses dix-huit ans il fait régner sa loi, loi de proxo appartenant ou étant prêt à appartenir au milieu. Jean Lorrain, dans la bouche du pauvre Philibert complètement dépassé par la mentalité de nos jeunes souteneurs, se fera l'écho de cette révolution dans les rapports :

« Autrefois, entre patron et maquereau, on s'entendait, on était des copains, mais maintenant c'est la guerre au couteau. Ils tirent tout à eux, les canailles, ils conseillent les gonzesses, ils les dégraissent. C'est eux qui font les prix, et encore si les femmes étaient plus heureuses! Mais elles n'y gagnent rien les pauv' bêtes! Ils les brutalisent, ils les terrorisent, ils les crèvent au besoin. Vous n'avez qu'à lire les faits divers, et c'est leur peau qui paie la casse. On la leur troue la peau, et plus souvent qu'à leur tour, et ce sont les mômes qui sont les pires, c'est des gosses de dix-huit ans qui font les plus sales coups, ça n'croit ni à Dieu ni à diable, qu'est-ce qui les retiendrait? plus de religion, ça vendrait sa mère! Ah! La génération de 70, monsieur Jacques! * »

Carco et Mac Orlan l'ont aussi noté. Le souteneur, dans les années 1920, tombe en discrédit. Les souteneurs, associés en bandes rivales, sèment la terreur dans les quartiers chauds. Carco raconte ainsi avoir vu Le Lapin agile assiégé une dizaine de fois et avoir assisté, rue des Boules et rue Saint-Vincent, à de formidables bagarres à coups de revolvers. Les protecteurs de ces dames étaient devenus des seigneurs de la pègre.

LA POLICE

Les souteneurs sont utiles ou sont censés l'être : leur rôle principal consiste à veiller sur les filles et à les protéger de la police. En se montrant à leur côté sur la voie publique, en exhibant des certificats de mariage ou en provoquant une dispute avec les policiers, ils déploient tous leurs talents pour éviter l'arrestation. Le policier devient vite leur pire ennemi. Il se révèle aussi leur concurrent le plus direct! La police se trouve au cœur du dispositif réglementaire. Elle exécute les enquêtes de la préfecture, de la mairie, des ministères. Elle doit réprimer les abus et faire appliquer les arrêtés réglementaires. Il est utile de rappeler encore une fois que la prostitution ne constitue pas un délit. L'article 334 du code pénal ne concerne que l'outrage et l'attentat aux bonnes mœurs. En droit, donc, les prostituées ne peuvent être jugées ni par le tribunal de simple police, ni par le tribunal de première instance. Et pourtant, les filles n'échappent ni aux amendes ni à la prison, et souvent de façon arbi-

* J. Lorrain, *op. cit.*

traire et juridiquement illégale! Les rapports entre la justice et la prostitution sont, depuis longtemps, étranges : tissés de silence, d'aveuglement et de méconnaissance. Les prostituées ont le sentiment de leur abjection, dit Parent-Duchâtelet : « Elles savent qu'elles sont en opposition avec les lois dignes et humaines, et qu'elles se trouvent, par le fait même de leur métier, dans l'impossibilité de réclamer des droits dont elles sentent tout le prix, mais dont elles se sont rendues indignes *. » Pour lui, la prostituée s'est mise en dehors de la société : elle ne peut donc en réclamer les droits. Au début de la Révolution certains demandèrent l'extinction de la prostitution. Mais alors que l'Assemblée Constituante adoptait la Déclaration des droits de l'homme, le tribunal du deuxième arrondissement de Paris, le 4 août 1791, rendait ce jugement :

« Ladite Marie-Louise Bertaut veuve Desblets, condamnée à être conduite par l'exécuteur dans tous les lieux et carrefours de Paris et notamment à la place du Palais-Royal, sur un âne, la face tournée vers la queue, ayant sur la tête un chapeau de paille avec un écriteau devant et derrière portant ces mots : " Femme corruptrice de la jeunesse ", battue et fustigée nue de verges par ledit exécuteur et en ladite place du Palais-Royal, flétrie d'un fer chaud en forme de fleur de lys sur l'épaule droite; se fait être conduite en la maison de force de l'hôpital général de la Salpêtrière, pour y demeurer détenue et renfermée dans le temps et espace de trois ans **. »

Mais, après la Révolution, dans le traité de police de la ville de Paris, on pouvait lire : « Si l'ancienne police, qui ne respectait rien, a cru pou-

* Dr A. Parent-Duchâtelet, *op. cit.*

** Cité par Y. Guyot, *op. cit.*

voir vexer les prostituées et les opprimés, ce n'est pas une raison pour en faire autant et livrer à la rapacité, aux bandes de gens subalternes de l'autorité des femmes à qui leurs mauvaises mœurs ne font point perdre le titre de citoyennes et leurs droits à la protection publique. » Deux employés étaient alors chargés à Paris de recenser les filles. En 1796 on recommença un nouveau registre, en 1797 on fit une tentative de recensement systématique... sans succès. Le Directoire, le 7 janvier 1796, demanda au Conseil des Cinq Cents d'assimiler la prostitution à un délit et d'instituer une procédure particulière pour les prostituées. La commission, réunie par le Conseil, n'arriva pas à se mettre d'accord sur une définition de la prostitution...Depuis, les assemblées ne légiférèrent jamais sur ce sujet qui provoquait tollés et indignation. Ce silence législatif, qui a persisté tout au long du XIXe siècle, a encouragé tous les abus et toutes les contradictions. Le pouvoir central a laissé aux maires le soin de réglementer les affaires concernant la prostitution et la loi de 1884 a confirmé cette tendance.

A Paris la police des mœurs, deuxième bureau de la première division de la préfecture de police, se présente comme la gardienne de la morale et de la santé. On lui parle santé, elle répond morale et vice-versa. Voici comment celui qui la dirige, Delavau, définit sa tâche principale dans la circulaire du 18 juin 1823 : « Elle a voulu concentrer le mal dans des maisons connues et dirigées par des femmes qui répondissent de la conduite des filles qu'elles reçoivent chez elles. La police croirait avoir fait beaucoup en faveur des mœurs et de l'ordre public si elle était parvenue à enfermer la prostitution dans des maisons tolérées sur lesquelles son action pût être constante et uniforme, et qui ne pût s'échapper à sa surveillance. » Ce désir, constant à travers le siècle, de concentrer la débauche en l'enfermant dans les maisons échoue totalement. Des arrêtés tentent d'endiguer l'afflux des insoumises dans les rues. Celui du 11 mars 1829 interdit « à toute femme publique de se montrer en tout temps sur certains points du boulevard », celui du 15 avril 1830 ordonne « de ne se livrer à la prostitution que dans les maisons de tolérance ». Puis, en 1843, c'est le fameux règlement de Delessert qui constitue en même temps un aveu : « L'arbitraire dans l'administration et l'armée contre ces femmes ne doit être employé qu'avec une réserve équitable; il ne faut, par conséquent, l'appliquer qu'à des atteintes positives portées à l'ordre public et que la législation n'a pas prévues, ou n'a pu définir... Je me réserve de déterminer la durée des punitions qu'il y a lieu de prononcer. »

Les scandales, en effet, se multiplient et la brigade des mœurs est accusée des pires méfaits et des plus basses turpitudes. Le recrutement des agents est critiqué et on les soupçonne d'être plus des voyous, à la solde des maîtresses de bordels riches, que des représentants intègres de la vertu et de la moralité. Certes Parent-Duchâtelet a beau le souhaiter, « les inspecteurs du bureau des mœurs doivent être intelligents, impartiaux, incorruptibles, capables d'en imposer, âgés de trente à quarante ans et de constitution solide », force est de constater qu'il n'en est pas toujours ainsi. Les inspecteurs sont chargés de la surveillance des maisons de prostitution; ils veillent également sur la voie publique, recherchent les insoumises et les filles qui ne se sont pas présentées à la visite sanitaire. Paris est divisé en dix lots. Tous les trois mois chaque inspecteur change de lot. Ils sont payés, dans les années 1840, 1.200 francs avec des primes tous les trimestres, qui varient suivant leurs activités! Ce genre d'intéressement à la tâche ne peut que nuire à la définition qu'ils donnent eux-mêmes de leur pouvoir de répression. Rares sont ceux, y compris dans les rangs de la police, à ne pas avoir reconnu les faits. Parent-Duchâtelet, lui, toujours confiant dans les vertus de la réglementation, trouve que les inspecteurs ont su maîtriser leur territoire et utiliser la persuasion : « On ne s'enfuit plus à leur approche, ils peuvent entrer dans la chambre des filles qui sont dans leurs meubles sans qu'on les accuse de violation de domicile; on ne leur refuse pas l'entrée des boutiques de rogomistes et de marchands de vin... et loin d'être autrefois dans la nécessité de lutter avec les souteneurs ils se voient souvent secondés par les habitants des garnis et même par ceux qui les tiennent. » Il sera un des rares à avoir cette vision idyllique, car les journaux ne cessent de retentir des violences inouïes que la police fait subir aux filles de mauvaise vie et... aux autres! Comme le dit si justement Dolléans, « le vice inhérent à la police des mœurs est moins d'être attentatoire à la liberté que d'être une source inépuisable d'arbitraire ». La police des mœurs est, et se vit comme, une annexe de la voirie. Comment se débarrasser des prostituées aussi efficacement que des ordures? Comme l'écrit *Le Temps* le 20 juillet 1881, « la pelle de l'éboueur et la poignée de l'inspecteur de police, le tombereau de l'un et la voiture cellulaire de l'autre suffisent pour la fille et pour la boue ». On arrête donc les filles sans ménagement sur les boulevards et la description de ces rafles évoque des images de chasse. « Tout Parisien a été témoin d'une de ces scènes sauvages et immondes. Des agents qui se ruent sur les femmes fuyant, éplorées et en criant; des tables de café bousculées, les coups tombant sur ces malheureuses, leurs robes déchirées et salies avec une sorte de volupté envieuse; celles qui résistent, traînées par les cheveux, assommées de coups de pieds et de coups de poing. Si un homme proteste, il partage leur sort. Quelques lâches imbéciles ricanent et s'amusent de cette curée humaine *. »

Il est de notoriété publique que les arrestations se multiplient quand le besoin d'ouvrières se fait sentir à la prison-hôpital de Saint-Lazare. Quinze agents peuvent encercler et embarquer quatre-vingts femmes en une heure. Les lieux les plus dangereux à Paris sont le boulevard Poissonnière et le boulevard Saint-Denis. « Si la femme résiste, elle est poussée à coup de botte, assommée à coup de poing, traînée par les cheveux, fût-elle évanouie, fût-elle malade, fût-elle enceinte », et elle devient alors le souffre-douleur de l'agent des mœurs. Pour tenir leur moyenne les agents ne lésinent jamais sur la quantité. Les coups de filet sont la hantise des filles qui savent qu'aucun recours n'est possible. Satin et Nana tremblent à l'idée d'être encerclées. Elles savent qu'alors la peur coupe les jambes interdisant de s'échapper : « Des jupes fuyaient, se déchiraient. Il y eut des coups et des cris. Une femme tomba. La foule regardait avec des rires la brutale agression des agents qui, rapidement, resserraient leur cercle. » Ces opérations, souvent demandées par les commerçants soucieux de « nettoyer » le quartier, ont aussi lieu dans les garnis, dans les hôtels de passe. Nana perd la tête en entendant le mot police la nuit où elle est réfugiée avec Satin dans un hôtel de la rue de Laval et elle préfère se jeter par la fenêtre plutôt que de se faire arrêter. « Des cris s'élevaient dans l'hôtel, une fille se cramponnait aux portes refusant de marcher; une autre qui était couchée avec un amant et dont celui-ci répondait, faisait la femme honnête outragée, parlait d'intenter un procès au préfet de

* Y. Guyot, *op. cit.*

police. Pendant près d'une heure, ce fut un bruit de gros souliers sur les marches, des portes ébranlées à coup de poing, des querelles aiguës s'étouffant dans des sanglots, des glissements de jupes frôlant les murs, tout le réveil brusque et le départ effaré d'un troupeau de femmes, brutalement emballées par trois agents, sous la conduite d'un petit commissaire blond, très poli. Puis, l'hôtel retomba en grand silence. » La répression dépend de la conjoncture politique. De 1856 à 1871 pendant l'Empire et le gouvernement de Défense nationale il y eut stabilité dans le nombre d'arrestations. De 1872 à 1877, en revanche, la répression s'intensifia pendant qu'augmentait la lutte contre le mouvement ouvrier et contre toutes les classes dangereuses. Elle varie aussi selon les régions : dure à Paris, encore plus sévère à Lyon. L'opinion publique s'émut de tels gestes commis au vu et au su de tout le monde, et les journaux, dans la rubrique des faits divers, relatent abondamment les actions de la police des mœurs.

Lyon septembre 1876 :

« Une fille de vingt ans environ, nommée Mélanie M...., fut accostée à la gare de Perrache par un agent de police vêtu en bourgeois, au moment où elle venait d'accompagner un voyageur. Sur un signe de l'agent, deux gardiens de la paix survinrent, saisirent la fille M., et, malgré sa vive résistance, voulurent l'entraîner au poste.

Une scène terrible s'ensuivit. La malheureuse, luttant désespérément, se roulait à terre et, voulant se tuer, se frappait le front contre le trottoir; les agents la tiraient en tout sens avec une violence extraordinaire. Un omnibus d'hôtel s'avançait, le cocher ne put arrêter à temps ses chevaux, et les roues passèrent sur les pieds de la fille M.... qui furent broyés. Un rassemblement s'était formé; plusieurs personnes honorablement connues dans le quartier, mues par un sentiment de charité et de pitié voulurent s'interposer; elles demandèrent aux agents de laisser la blessée à l'hôtel de l'Univers, où ils viendraient la reprendre le lendemain; quant aux dépenses, elles offraient de les payer. Les agents refusèrent et parvinrent à traîner la malheureuse au poste de la manufacture des tabacs; celle-ci, malgré ses cruelles souffrances, se débattait plus que jamais. Un médecin exigea son transport à l'Hôtel Dieu. Un fiacre passait, elle y fut jetée, l'un des agents se plaça près d'elle, l'autre monta sur le siège. En arrivant sur le quai de la Charité, la fille ouvrit brusquement la portière et se précipita dans le Rhône, où elle se noya. Deux jours après, son cadavre n'était pas retrouvé...

Le lundi suivant vers 7 heures du matin, un agent du service des mœurs se présentait à l'hôtel Dugesclin et procédait à l'arrestation d'une autre fille, la nommée Marie Dans. Saisie d'épouvante, la fille Dans ouvrit sa fenêtre, située au deuxième étage et se précipita dans la cour. Elle fut relevée dans un état déplorable.

A la fin de la même semaine, le samedi 9 septembre, une nommée R. tenta de se suicider à l'hôtel de police rue Luizerne. N'ayant pas réussi à s'étrangler avec l'attache de son tablier, elle se donna plusieurs coups de côté; heureusement l'arme dont elle s'était emparée avait une lame ronde, les blessures furent peu profondes. Elle fut conduite dans cet état à la prison de Saint-Joseph *. »

A Marseille aussi, sur les quais, la police des mœurs sévit si durement que les filles préfèrent se jeter dans les eaux boueuses du port plutôt que de se laisser prendre. Une fille a ainsi préféré se noyer en se jetant résolument dans la vase. Des passants

* Y. Guyot, *op. cit.*

l'empoignèrent, la tirèrent. L'agent arriva, bouscula les sauveteurs, repoussa le corps dans l'eau : « Laissez-la donc crever c'est une fille soumise. » La fille se pendra dans les latrines du violon municipal *.

Pour atteindre leur quota, les inspecteurs n'hésitent pas à arrêter aussi des femmes honnêtes qui passent la nuit au poste sans pouvoir se défendre, ce qui crée un mouvement d'indignation très fort, que les partisans de l'abolitionnisme s'empressent d'utiliser. L'affaire du 10 avril 1877, par exemple, défraya la chronique : l'agent Gras trouva vers minuit la femme B. place de la Sorbonne. Il l'arrête. Elle proteste. Elle dit qu'elle est partie chercher des médicaments pour son fils malade. Il la boucle tout de même. A l'aube l'enfant meurt et la mère sera internée à la Salpêtrière... La même année Marie Ligeron est arrêtée par un sous-brigadier alors qu'elle sort d'un cours du soir. On lui fait signer au poste une déposition disant qu'elle s'adonne à la prostitution. La jeune fille meurt de l'ébranlement causé par cette déplorable scène. Le médecin avait pu constater sa virginité... Après les arrestations de la jeune fille vertueuse et de la maman héroïque, celle d'une femme de banquier, une honnête femme, que la police essaie de faire chanter pour ne pas avoir à reconnaître ses erreurs, sèment un véritable vent de panique, obligeant la police à réviser ses règlements. En décembre 1881 un règlement stipule que « la police ne peut arrêter une femme quand elle a racolé un homme mais lorsqu'elle l'a touché et pris par le bras portant atteinte à sa dignité et à sa liberté ».

Après l'arrestation, les femmes passent la nuit au violon avant d'être emmenées le lendemain matin

* L. Fiaux, *La Police des mœurs*, *op. cit.*

au dépôt de la préfecture de police. Au violon les prostituées, toutes catégories confondues, s'entassent. Y passer la nuit sans défaillir est une épreuve surhumaine. Mireur décrit ainsi le violon qu'il a visité à Marseille : « Une pièce irrégulière de dix mètres de long sur cinq mètres de large. Une porte solidement blindée, verrouillée et cadenassée y donne accès. De chaque côté s'étend un lit de camp en bois, fixé, noirci par le temps et par les ordures et occupant ensemble à peu près la surface du plancher. En face de la porte une fenêtre; d'énormes barreaux de fer doublés de larges auvents recouverts par un grillage à treillis en forment la fermeture. Le parquet inégal est en dalle rouge, il suinte constamment une humidité fétide. Sur les murs crépis à la chaux sont tracées des inscriptions obscènes. Dans un des coins une latrine, dans un autre un lavabo en pierre massive destiné aux ablutions préparatoires de la visite sanitaire... Dedans quinze à vingt femmes jeunes ou vieilles, vêtues de sordides haillons ou du linge le plus fin sont là, comme anéanties, tirées presque toujours à demi-nues, pâles, les cheveux en désordre, le regard à la fois lascif, hébété, suppliant; souvent nu-pieds, quelquefois couvertes de dentelles souillées au contact de tout ce qui est à leur portée, parées de diamants dont l'éclat ne sert qu'à faire ressortir davantage leur misérable situation; debout là, assises ou plutôt accroupies sur le rebord d'un de ces lits de planches *. »

Le lendemain matin, sans avoir pu dormir, à peine lavées, elles passent devant un tribunal administratif et sont reçues auparavant par un commissaire de police. Maxime Du Camp, qui n'a pour elles que mépris, a pu assister à ce genre de séance :

* Dr H. Mireur, *op. cit.*

« Quelques-unes ricanent, d'autres ont l'air somnolent, les plus rouées cherchent à attendrir et font effort pour pleurer... Ce sont des enfants hébétées... parfois abruties par l'ivresse permanente et comme pénétrées d'alcool, elles ont ainsi une parole qu'elles ne parviennent pas à arrêter. On a beau les prier, les menacer, leur dire, leur crier de se taire, leur voix lente et traînante laisse échapper des mots sans suite qui tombent avec la régularité de la goutte d'eau des clepsydres *. » Le commissaire décide du montant de la peine. En théorie, après l'application du règlement Gigot, les filles peuvent faire appel de la décision devant une commission qui, en réalité, ne fait que confirmer ou alourdir les peines déjà proposées. Un grand nombre est acquitté — certaines, au cours de leur carrière, le seront jusqu'à quarante fois **. Le système se gripperait s'il n'en était pas ainsi car les filles subissent des arrestations au moins deux fois par an. Les condamnations vont de trois ou quinze jours d'emprisonnement à Saint-Lazare selon la gravité de la faute : racolage dans les gares, absence de visite sanitaire, outrage aux agents, attentat aux mœurs, usage de faux papiers, ivresse... Du dépôt elles partent pour la prison. A la fin du XVIIIe siècle on les convoyait de nuit dans des charrettes puis on les confiait à des soldats qui leur faisaient traverser les rues et « dans cette marche qui attirait les regards et que suivaient en grand nombre les polissons des rues, les filles affectaient une effronterie scandaleuse, riaient aux éclats avec les soldats et prenaient avec eux toutes les libertés possibles; de là des évasions fréquentes, le plus souvent favorisées, soit par les souteneurs, soit

* M. Du Camp, *op. cit.*
** Chiffre cité par Parent-Duchâtelet.

par les soldats eux-mêmes *. » A partir de 1816 elles sont donc transportées dans des voitures banalisées. Elles connaissent ainsi successivement le dépôt Saint-Martin, la Salpêtrière, le château de Vincennes, la Petite Force puis Saint-Lazare qui devient la maison d'arrêt et de correction et qui fut réaménagée en 1836 en trois sections : celle des prévenues et des condamnées, celle des filles de débauche inscrites sur le contrôle de la prostitution et celle des mineures. En tout mille cent détenues occupées dans la journée à des travaux de couture, soumises aux mêmes obligations que les délinquantes dont elles sont pourtant isolées. Elles vivent dans des conditions éprouvantes : dortoir non chauffé, deux draps par mois, pain bis, bouillie de légumes. Elles n'ont droit qu'au parloir avec des grilles et leur correspondance est surveillée. Elles travaillent dans des ateliers humides sous la direction de sœurs qui leur lisent des ouvrages religieux. Parent-Duchâtelet, qui trouve le système trop libéral, propose un régime plus militaire destiné à rappeler aux prostituées qu'elles se trouvent dans un lieu de punition et non en maison de repos. Il va réclamer l'établissement, comme en Grande-Bretagne, de *trade mills*, sorte de tambours de dimensions différentes, suspendus à des axes et mis en mouvement par les personnes marchant à l'intérieur en les faisant tourner sur eux-mêmes. Malgré l'horreur que représente cette véritable torture, Parent-Duchâtelet écrit : « Quant à moi, j'approuve le moulin à marcher, et je demande qu'on en fasse usage ; je l'approuve comme moyen répressif du délit de la prostitution ; je l'approuve parce qu'il me semble bon. » Cette proposition ne fut heureusement jamais retenue.

* Dr A. Parent-Duchâtelet, *op. cit.*

En province aussi la détention administrative est pratique courante : à Marseille, Rouen, Lyon les filles purgent leur peine dans des prisons surpeuplées ou dans des maisons de correction. Partout les règlements municipaux, d'une sévérité inouïe, sont appliqués. Voici une échelle des peines majeures appliquées par les tribunaux, dans les années 1830 : quinze jours à un mois de prison pour :

– s'être retrouvée dans les lieux défendus;

– s'être montrée à des heures indues ;

– s'être enivrée et couchée sous des portes dans les rues sur les places publiques;

– avoir demandé asile au poste militaire;

– s'être promenée, de jour, à petits pas dans les lieux interdits « de manière à se faire remarquer en regardant fixement les hommes »;

– avoir frappé au carreau des chambres et des cabarets;

– s'être absentée de chez les dames de maison à l'heure à laquelle la visite se fait;

– avoir demandé l'aumône;

– avoir tardé plus de 24 heures pour se rendre au dispensaire quand le médecin en a jugé ainsi;

– s'évader du dispensaire;

– sortir tête nue ou gorge découverte;

– ne pas avoir quitté Paris après avoir reçu son passeport.

Deux à trois mois de prison pour :

– avoir insulté d'une manière outrageante les médecins de l'administration dans l'exercice de leur fonction;

– manquer de se rendre aux visites sanitaires et continuer à se livrer à la prostitution alors qu'on sait qu'on est malade;

– tenir en public des propos obscènes;

– se présenter nue à la fenêtre;

– attaquer les hommes « avec insistance de manière à les fatiguer en voulant les entraîner malgré eux ».

Cette répression, qui s'accompagne volontiers d'enfermement et d'exclusion, et vise aussi, dans le même temps, les vagabonds et les mendiants, s'exacerbe après la défaite de la Commune. Ayant pour cause la peur diffuse qu'inspirent les « classes dangereuses » – car c'est bien la prostitution populaire qui semble visée dans ces mesures policières – elle justifie ses actions par les menaces biologiques et médicales représentées par la syphilis, arme mortelle brandie par les médecins, les moralistes, les hommes de loi réunis. Leur tactique consiste à enfermer pour ne pas diffuser dans le corps social le venin du désordre et de la maladie. Dès les années 1870, cette stratégie dite du réglementarisme se révèle, dans les faits, un échec total : les bordels meurent, le nombre de prostituées clandestines augmente et la répression qui s'abat aveuglément est dépourvue d'efficacité.

La police n'est pas, il faut le dire, à la hauteur de la tâche. « Sans arbitraire la police des filles publiques est impossible », ont coutume de répéter les policiers. Arbitraire, excessive, elle est aussi... corrompue. En 1857 Dutasta, chef de la police de sûreté déclare : « La surveillance des inspecteurs est une source d'abus des plus graves. Certains fonctionnaires ne se font pas scrupule de prendre en main les intérêts des femmes qui exploitent les filles en meublé et d'envoyer directement ces mêmes filles aux maîtresses d'établissements qui leur font des avances *. » Le recrutement du service des mœurs peut expliquer bien des choses. Les agents sont d'anciens soldats à qui le travail matériel répugne; des irréguliers tentés par le côté aventu-

* Cité par C. Virmaître, *Paris impur*, 1889.

reux du métier; des camarades d'agents séduits par des profits divers, « de sales comédiens de l'amour en plein vent * ». Jusqu'en 1854 certains hommes ayant des antécédents judiciaires seront attachés aux brigades à titre d'inspecteurs officieux. En 1804, dans un but de moralité publique, on supprima de tels postes. Les agents touchent un fixe et des commissions : une prime de 3 francs est accordée pour la recherche de filles publiques « disparues », c'est-à-dire ayant cessé de se montrer à la visite depuis trois mois. Une prime de 15 francs est allouée à celui qui fait connaître un lieu de débauche clandestin, une de 25 francs pour la débauche du mineur. Devant les réclamations de certains, ce système de prime fut abandonné en 1863. Des inspecteurs rentabilisent alors autrement leurs activités : certains fournissent directement les bordels en devenant de véritables concurrents pour les placeurs! Ainsi un inspecteur de Montpellier allait-il recruter à la sortie des hospices, chez les domestiques. Grâce à une campagne du *Petit Méridional*, il fut révoqué. Des agents ont des protégées sur les trottoirs en échange soit de passes gratuites soit d'argent qu'elles leur versent directement : les filles appellent ce type de contrat « avoir le condé ». En 1872 Fraisse, chef de la police de Bordeaux, avoue : « La plaie de la police des mœurs c'est la corruption des agents. Étant constamment en contact avec les maisons autorisées ou tolérées, ils sont toujours disposés à prendre l'intérêt des proxénètes et je suis obligé de lutter contre les tendances de mon personnel **. »

A Paris, en 1866, un commissaire de police, dénoncé comme propriétaire d'une maison de passe,

* Comme le dit L. Fiaux, *La Police des mœurs*, 1888.
** Cité par C. Virmaître, *Paris impur*, *op. cit.*

la faisait tenir par une parente et voulait la revendre au triple de sa valeur. La police ferme souvent les yeux sur les irrégularités pratiquées dans les bordels riches, moyennant finances. D'autres prêtent leur carte à de faux agents qui s'amusent des femmes et les grugent à leur tour. Guyot, qui lâche le morceau publiquement, fut condamné à six mois de prison et 3.000 francs d'amende pour « avoir représenté l'immense majorité des agents de mœurs comme des drôles recrutés dans la lie des propres-à-rien qui usent leur talon de botte sur les trottoirs de Paris, grugeant leur femme, vivant les trois quarts du temps dans leur lit et à leur table, nantis comme les souteneurs privés, perdant dans une vie exclusivement animale, alcoolique et vénérienne, le peu de sens moral qu'ils conservaient encore la veille de leur nomination *. »

En 1881, devant tant de critiques et une campagne de presse virulente, orchestrée par *La Lanterne*, la brigade des mœurs fut supprimée par le préfet Andrieux. La croisade abolitionniste, menée au départ en Angleterre par Joséphine Butler, bat alors son plein, elle est relayée avec vigueur en France dès 1877. L'enjeu en est de purifier la société tout entière en se battant contre l'esclavage de la fille soumise, certes, et contre l'inscription des prostituées par la police, mais aussi en développant toutes les conditions favorables à la santé, qui a sa plus haute expression dans la moralité publique **. Les agents des mœurs sont désormais versés au service de santé. Fausse disparition, donc, qui ne fait qu'accroître en réalité le pouvoir de surveillance de ces ex-nouveaux agents.

* L. Fiaux, *La Police des mœurs*, *op. cit.*

** Chartes de l'abolitionnisme. Ce mouvement et cette idéologie sont fort bien décrits et analysés par A. Corbin, *op. cit.*

Andrieux, dans ses *Souvenirs d'un préfet de police*, écrits bien plus tard loin des tumultes de l'époque, évoque avec ironie cette période où de faux missionnaires, sous prétexte de liberté et de vertu, prirent comme prétexte la défense des prostituées, pour faire passer leurs idées politiques... entendez celle de l'extrême gauche! « Tandis qu'en Angleterre les sentiments les plus respectables d'humanité, de liberté, de respect de la femme inspiraient jusque dans leurs erreurs les honorables membres de la Fédération, il n'en était pas de même à Paris où les associés français poursuivaient avant tout une œuvre politique, sous préoccupation de bien public et avec un parfait dédain de bonne foi... Si déplorables qu'aient été les méprises signalées par les journaux, il serait injuste d'en exagérer le nombre. La police des mœurs était étrangère à quelques-uns des faits les plus connus et les plus souvent cités à sa charge *. »

Toujours est-il que les arrestations et les punitions diminuent pour reprendre en 1885 de manière accrue. Cela correspond à une baisse d'influence des abolitionnistes en France et à une montée de l'angoisse du péril vénérien. En fait, comme le fait remarquer si justement Alain Corbin, « cette évolution est parallèle à celle de la répression judiciaire globale; ce qui tend à montrer que les prostituées sont les victimes du contrôle de plus en plus étroit qui s'exerce sur toutes les formes de déviance ». La police continue, de par son attitude, à favoriser les partisans du réglementarisme. Constatant, dans les années 1870, la baisse de fréquentation des bordels et l'augmentation du nombre des insoumises, elle s'emploie à favoriser le travail des tenancières en allégeant les règlements tatillons et en leur facilitant la tâche selon ce pré-

* P. Andrieux, *Souvenirs d'un préfet de police*, 1885.

cepte bien connu : concentrons pour mieux canaliser.

L'HÔPITAL

Quand la fille ne se bat pas contre le policier, elle affronte le médecin. Sa vie est un combat permanent pour pouvoir chaque jour recommencer à exercer ses activités. Au-dehors la peur de la rafle, à l'intérieur de son corps le spectre de la syphilis. La maladie la hante et l'obsède. Non qu'elle en ait peur car elle sait vivre avec, mais parce qu'elle en connaît les conséquences : l'enfermement au dispensaire quand la maladie est découverte. Certes on ne fouette plus, on ne met plus au cachot les filles atteintes par le « gros mal », mais la maladie, outre les désagréments professionnels qu'elle occasionne, provoque l'effroi et la stupeur.

« C'était, sous les draps soulevés, une continuelle inspection. Elle tournait ses bras dans tous les sens, y voyait avec effroi grandir le nombre de taches roses, et, sur la poitrine, de mêmes taches saillir. L'aspect de multiples bouffissures violettes, épandues partout, lui était une désolation. De ses mains elle écartait aux aines les plis de ses chairs grasses s'attentionnant au moindre symptôme avec une terreur pour la découverte d'une nouvelle tare. Et comme chaque jour les chancres se développaient, elle s'affalait, avait des colères, se figurait que la plaie dans un progrès constant, allait la percer toute, la faire un amas de chairs pourries où cette purée grise si répugnante fermenterait. Parfois une horreur la prenait à cette vue puante; brusquement elle ramenait les draps au menton et fermait les yeux. Elle gémissait *. »

* P. Adam, *op. cit.*

C'est sous la Révolution que naquit le système sanitaire : en 1798, à Paris, deux médecins furent chargés d'aller visiter les prostituées à domicile. Puis l'assistance hospitalière se développe pendant que le réglementarisme se met en place. En 1802 la préfecture de police institua la visite périodique. Deux officiers, de sortie deux fois par mois, allaient visiter les maisons closes accompagnés d'un officier de paix. En 1805, un arrêté ordonne l'établissement d'une salle de santé au dispensaire pour « l'examen et le traitement des femmes de débauche atteintes de maladie vénérienne ». Un cabinet de consultation est créé en 1820 par ces femmes galantes, mais il est vite abandonné faute de clientes. A partir de 1828, sous les ordres du nouveau préfet de police, Debelleyme, la visite hebdomadaire est instituée sur place dans les maisons closes situées à l'intérieur alors que les filles de banlieue et les filles en carte doivent se rendre au dispensaire. Les transports obligatoires des filles vers les dispensaires occasionnaient des rixes, des scandales sur la voie publique et la police les transporta alors dans des voitures fermées. Déjà, à cette période, le péril vénérien point et la préfecture de police de Paris est saisie de plaintes angoissées émises par les municipalités.

« Moulins, 29 mars 1829

Monsieur le Préfet, monsieur le ministre de la Guerre m'annonce que les maladies vénériennes ont encore attaqué avec la plus grande violence le quatorzième régiment de chasseurs depuis qu'il tient garnison à Moulins, que le nombre des hommes malades dépasse les proportions ordinaires et que le mal ne peut manquer de s'accroître si les autorités civiles tardent plus longtemps à prescrire à l'égard de ces femmes publiques qui abondent dans la ville les dispositions propres à en abaisser le nombre et à rétablir leur santé. »

Le 27 novembre 1829, le préfet de la Meurthe écrit au ministère de l'Intérieur :

« Le nombre de filles publiques est aujourd'hui si considérable à Nancy qu'il en résulte un désordre qui donne lieu à des plaintes graves de la part des pères de famille et des chefs de régiment en garnison dans cette ville. Indépendamment des troubles domestiques et des relâchements dans la discipline militaire qui naissent de la fréquentation de ces filles, elles infectent encore les soldats de maladies honteuses qu'il est du devoir de l'administration de chercher à en préserver ceux que la débauche entraîne vers ces filles *. »

A Paris les visites au dispensaire de salubrité ont lieu tous les jours, sauf le dimanche, de 11 à 18 heures sans interruption : les filles isolées et les filles arrêtées viennent s'y faire examiner ainsi que les prostituées emprisonnées à Saint-Lazare en voie de guérison. Pour pouvoir exercer ce métier de médecin des prostituées, il convient d'être, selon Parent-Duchâtelet, d'une qualité exceptionnelle : « Il faut au dispensaire des hommes intacts, qui puissent aller partout tête levée et que personne ne rougisse d'avouer cette profession à ses amis ou ses confrères. » Mieux vaut être marié et d'âge mûr sans doute pour ne pas succomber au charme des filles ! Il faut du savoir-faire, bien évidemment, mais aussi du respect et de la douceur. La visite doit avoir lieu sans témoin pour éviter à la fille – *sic* – toute tentation de lubricité.

« Dans la prison et à l'hôpital, l'inspection se fait sur une espèce de table ou de lit, élevé à la hauteur d'un mètre, à peu près semblable à la table et dont on se sert dans les hôpitaux pour les grandes opérations et en particulier pour les opérations de la

* Archives nationales.

taille. On y ajoute seulement à la partie antérieure une planchette pour soutenir les pieds et latéralement un escabeau qui permet d'y monter... Les avantages de cette table sont nombreux surtout lorsqu'il est nécessaire, pour compléter l'investigation, de faire usage du spéculum. Elle leur permet encore un examen attentif de l'état de l'anus et en particulier des aines dont la sensibilité indique souvent aux personnes exercées l'existence de quelques irritations au col de l'utérus ou de vaginite locale *. »

Mais ce lit idéal a dû être abandonné car il froissait les chapeaux de ces dames qui les gardaient pendant la consultation. Au grand désespoir de Parent-Duchâtelet, il fallut se rabattre sur un fauteuil élevé à dos très renversé.

Les visites sont obligatoires une fois par semaine, gratuites le matin, elles sont payantes l'après-midi jusqu'à ce que cette taxe, vécue comme immorale par les médecins et par les filles, soit abandonnée à Paris. Coûtant 2 à 3 francs selon les jours elle servait à couvrir les dépenses du service. Selon le genre, la tenue, l'allure des filles, selon la catégorie des maisons, elle était ressentie comme un impôt illégal par certaines, comme une véritable patente pour les filles. « Comment prouver la légalité d'une perception qui n'est autorisée ni par la loi des finances ni par aucun règlement de la haute administration, qui ne figure dans aucun budget et qui ne s'est perpétuée qu'à la faveur du silence que les Chambres ont cru devoir garder sur cette partie de la police administrative, par la répugnance qu'éprouve naturellement l'honnête homme à s'occuper d'un

* Dr A. Parent-Duchâtelet, *op. cit.*

pareil sujet, et le peu d'intérêt qu'il inspire à la classe des prostituées *? »

Mais la taxe se maintient en province très tard jusque sous la troisième République et le manque d'harmonisation des règlements municipaux donne lieu à des situations très différentes : à Marseille la visite coûte de 1 à 3 francs, dans d'autres villes la visite est gratuite pour les indigentes, à Lyon ou à Bordeaux les filles qui en ont les moyens viennent aux visites payantes où elles attendent moins et où elles sont mieux traitées. Certains jours, le mardi et le mercredi matin, sont gratuits. Toutes celles qui ont un peu de ressources se font un point d'honneur de venir à la visite payante.

Le cérémonial de la visite fut tout au long du XIXe siècle vivement critiqué. Tout d'abord l'examen des parties génitales apparaît comme un viol, un attentat inexpiable contre la pudeur et l'intimité. Les prostituées, contraintes de par la loi à ouvrir les jambes, sont traitées comme du bétail : en témoignent le rythme infernal (cinquante-deux femmes à l'heure, une femme toutes les trente-deux secondes), le marquage à la sortie : un tampon (S si la fille et saine, M si la fille est malade) est en effet apposé sur leur livret après la visite. L'examen en lui-même paraît assez inefficace : une fois sur deux jusqu'en 1887 on pratique ce qu'on appelle la petite visite, c'est-à-dire l'examen sans spéculum et les conditions d'hygiène sont déplorables. Les filles sont devenues expertes dans l'art de maquiller les maladies et les techniques d'examen essaient d'être de plus en plus performantes. Ainsi le docteur Jeannel, de Bordeaux, invente-t-il un fauteuil permettant d'examiner sans le régler des filles de tailles différentes : « La femme monte sur la plate-forme, en

* Dr A. Parent-Duchâtelet, *op.cit.*

passant entre la grande pédale et le siège. Elle s'assied, se renverse sur le dossier en appuyant le pied droit sur l'une des pédales ou sur l'encoche du bras et le pied gauche sur la grande pédale. Le genou droit est écarté et abaissé, le genou gauche relevé et écarté. L'anus est un peu relevé; la vulve est sur un plan vertical, le médecin se place un peu à droite de la femme de manière à ne pas faire ombre lui-même sur les organes. Le devant du fauteuil-lit est en pleine lumière près d'une large fenêtre... Nous nous servons pour graisser le spéculum d'huile d'olive aromatisée avec un demi-centième d'amande amère. Cette essence dont je recommande l'usage annule complètement l'odeur quelquefois repoussante du vagin et la remplace par un parfum agréable. D'ailleurs les filles malpropres sont punies de vingt-quatre heures de prison; il en est de même de celles qui se présentent ensuite avec de la vermine *. »

Dans le bordel comme au dispensaire le spéculum n'est pas utilisé quand les filles ont leurs règles on quand elles sont enceintes. La visite se termine par l'inspection de la bouche, des lèvres, de la langue, du gosier. Chaque maison close se doit d'avoir un fauteuil à bascule, un lit de visite, un assortiment de spéculums. Il est très hasardeux d'avancer des chiffres en matière de syphilis : les statistiques des médecins ne se recoupent pas toujours – la peur des maladies vénériennes envahit aussi le cerveau de ceux qui disent faire œuvre scientifique! Il apparaît cependant comme fort vraisemblable que la moitié des prostituées sont infectées. Dans la moitié des cas la prostituée l'est entre dix-sept et vingt ans **. A l'inverse les vieilles prostituées

* Dr Jeannel, *La Prostitution publique*, *op. cit.*

** *Cf. Revue de médecine légale*, 1900, Docteur Julien.

sont rebelles soit à cause d'une syphilisation intense pendant de nombreuses années, soit parce qu'elles prennent plus de précautions. De dix-sept à trente ans la prostituée vit avec la maladie. Souvent elle n'est pas douloureuse et ne se manifeste pas forcément par des signes extérieurs évidents. Au dispensaire le traitement obligatoire n'obtient que des effets de courte durée : il retranche les « infectées » de la circulation mais soigne peu efficacement. La durée moyenne à Saint-Lazare pour la syphilis est de quatre mois et demi. On y pratique des injections massives d'huile grise et de calamel qui éteignent provisoirement l'infection sans pour autant la tuer définitivement. La continence est vécue de façon si douloureuse par les filles qu'à leur sortie... elles reprennent tous les risques! Peut-il donc exister une accoutumance? La prostitution apparaîtrait alors comme une drogue avec ses problèmes de manque? On peut l'imaginer... « Obsédées par les anciens et les nouveaux amants, elles consacrent quelques jours aux excès de la table et de la débauche : dans cet état d'exaltation elles se livrent avec transport aux ardeurs de ceux qui les obsèdent et, dépassant toutes les bornes, on les retrouve avec des lésions qu'on prend pour vénériennes, mais qui disparaissent sous la seule influence de quelques jours de calme et de repos *. »

Soigner coûte cher et les dispensaires vont se trouver vite engorgés. Comment accueillir toutes les malades? Le système sanitaire sera très vite pris à son propre piège, faute de moyens. Les hôpitaux vont donc être contraints de se renvoyer la malade et de refuser les filles qui ne sont pas originaires du département. On peut ainsi trouver aux Archives nationales des papiers griffonnés, enfermés dans des

* Dr A. Parent-Duchâtelet, *op. cit.*

cartons, qui disent bien toute la détresse de ces filles qu'on a cataloguées comme malades, mais dont on ne sait que faire.

Le maire de la commune de Sauzé autorise « Marianne Delorme, fille de Jacques Delorme, vigneron à notre commune, à librement circuler de Mâcon à Lyon, à lui prêter aide et secours en cas de besoin. Cette fille qui est dans l'état de complète indigence et qui appartient à une famille pauvre, étant obligée de faire le voyage pour cause de maladie, nous exhortons toutes les personnes charitables chez lesquelles elle se présentera de l'assister, d'avoir pour elle tous les égards que l'humanité réclame *. »

« Je soussigné docteur en médecine certifie que Marianne Delorme est atteinte de maladie vénérienne. Comme elle est dans un état d'indigence elle aurait grand besoin d'entrer à l'hospice de l'Antiquaille. Mais l'hospice de l'Antiquaille est déjà plein et refusera de la soigner. » Qu'est devenue Marianne Delorme ?

Selon les médecins, les filles des bordels sont moins atteintes que les insoumises ou les isolées. Cet argument est largement utilisé par les réglementaristes qui s'alarment de la fermeture des bordels et de l'augmentation des filles sur les trottoirs. Selon les annales de thérapeutique dermatologique et syphiligraphique, à partir de 1873, le pourcentage des syphilitiques dans les bordels de 30 % est tombé à 7,2 % en 1883 pour rester, jusqu'au début du siècle, stationnaire. A cause des découvertes de Pasteur bien sûr, mais aussi sans doute à cause d'un changement d'état d'esprit chez les filles : « Il n'est pas douteux qu'à l'heure actuelle les filles prennent un bien plus grand soin de leur corps qu'il y a une vingtaine

* 14 juin 1835.

d'années; elles craignent beaucoup plus la contagion et font tout ce qu'elles peuvent pour l'éviter, non parce qu'elles ont peur de contagionner, cela leur est égal, mais parce qu'elles craignent d'être retenues à Saint-Lazare * ». Les filles ont aussi la possibilité, qu'elles exploitent bien évidemment, de quitter le bordel au moment de la visite ou même d'acheter le médecin... Le bordel reste une « fabrique à regrets », un collecteur de maladies où, rappelons-le même si cela est une évidence, des hommes viennent se faire contaminer, mais aussi contaminer des femmes, car nombre d'entre elles y arrivent parfaitement saines. Pour enrayer le péril et rendre à ces messieurs le goût des maisons closes, il faudrait créer des conditions sanitaires irréprochables : faire attendre les filles au moins deux heures avant la visite sous bonne surveillance pour éviter le « blanchiment » et faire les visites à l'improviste dans les maisons.

Toute fille reconnue malade est, à Paris, envoyée à Saint-Lazare. Une pancarte indiquant son état sanitaire est affichée au pied de son lit. L'infirmerie fonctionne depuis 1836. On y entre par le faubourg Saint-Denis et les locaux sont installés dans un ancien couvent. Selon les témoins, ce lieu est soit le comble de l'abjection soit un modèle d'hygiène et de propreté ! Pour le docteur Béraud ** « la maison est spacieuse et composée par de longs et vastes corridors, donnant chacun sur une cour où les détenues peuvent se promener deux à trois fois par jour. Les chambres, les lits, le linge et tout ce qui constitue le mobilier y est d'une propreté remarquable... La nourriture consiste en un potage journa-

* Dr Butte, *État sanitaire au point de vue de la syphilis des filles soumises dans les maisons de tolérance de la ville de Paris*, 1903.

** *Les Filles publiques*, *op.cit.*

lier gras ou maigre, en un plat de viande aux deux légumes et du pain dit de prison d'une excellente qualité. Jamais de coups ni de propos outrageants, on doit se respecter jusque dans les actes de l'autorité qu'on exerce sur ces viles créatures dont quelques-unes sont dignes de pitié ». Même son de cloche, description on ne peut plus idyllique de Maxime Du Camp qui ose en faire... un palais bien trop reluisant pour celles qu'il nomme les pauvres créatures : « Les parquets reluisent, les vitres sont brillantes, la vaisselle d'étain a presque des reflets d'argenterie ; on n'a pas l'air de trop s'y ennuyer ; on y cause, on y rit ; on s'y dispute parfois ; c'est la maison de l'égalité par excellence, les robes du soir, chapeaux de dentelles sont laissés au vestiaire aussi bien que les jupes d'indienne, le costume est un uniforme, robe grise et béguin blanc *. »

Coffignon n'a pas vu la même chose : il parle de léproserie et s'indigne des méthodes pratiquées : matin réveil à cinq heures, dix heures de travail avec lecture à haute voix. Interruption de 9 à 10 heures et de 2 à 3 heures. Menu maigre, eau claire, bouillon, légumes secs, de temps en temps un petit bout de viande. En cas de rébellion mise en cellule ou en cachot avec les rats. Guyot parle, quant à lui, d'une atmosphère de prison où flotte une odeur de renfermé et où règne un terrible manque d'hygiène. Ni bain ni lavabo, pas de serviette, pas de mouchoir et des religieuses pour gardiennes qui considèrent tout soin de propreté comme un outrage à la pudeur. Carco, qui a visité Saint-Lazare en plein jour, parle aussi de l'odeur : « Ça sent le couvent et l'alcôve, la soupe et la pharmacie ** », de la faim qui tiraille le ventre des filles et des trafics qui y

* M. Du Camp, *op. cit.*
** F. Carco, *L'Amour vénal*, *op. cit.*

règnent : une jupe contre une demi-livre de chocolat, des chaussures pour du jambon ou un litre de vin. La durée du séjour minimum est de dix jours, maximum de deux cent cinquante. Être arrêtée pour être amenée à Saint-Lazare est la terreur de Nana qui l'imagine comme une fosse, un trou noir où l'on enterre les femmes vivantes après leur avoir coupé les cheveux. Les filles frappées de contravention n'ont droit au parloir qu'une fois par semaine alors que les voleuses bénéficient toujours du parloir de faveur. Aussi de pauvres filles s'accusent-elles de vols afin de voir, le mardi et le vendredi leur famille, leur maîtresse et leur souteneur, et leur adresser la parole. Chez les médecins un certain népotisme règne. Aucune limite d'âge n'ayant été prévue par le règlement, beaucoup de médecins continuent à occuper leur poste : « On a pu voir, jusqu'à ces années dernières, un vieillard des plus respectables, conduit par un de ses confrères ou un de ses domestiques, venir journellement et régulièrement occuper son poste; il se sentait incapable de se conduire seul dans la rue mais il se croyait infaillible dans ses fonctions *. »

En province la situation n'est guère plus brillante : à Lyon et à Marseille le séjour à l'hôpital ressemble à une peine de prison et les traitements relèvent implicitement du châtiment. Les conditions de propreté ne sont jamais remplies. On n'en finirait pas de dresser la liste des punitions que subissent partout en France des filles qui n'ont que le tort... d'être malades : à l'hôpital de Dinan, la salle des vénériennes est d'une saleté innommable; les murs sont couverts de toiles d'araignées et les religieuses ont fait installer dans les combles des cachots pour les turbulentes. A l'hôpital civil et militaire de Saint-

* F. Carlier, *Les Deux prostitutions, op. cit.*

Dizier, la salle des vénériennes est verrouillée et les fenêtres grillagées. A l'hôpital Saint-Maurice d'Épinal un cachot jouxte leur salle continuellement fermée à clef. A l'Hôtel-Dieu de Château-Thierry les vénériennes sont successivement enfermées dans le cabanon des aliénés dans l'ancienne boulangerie située au-dessus de la salle d'autopsie et finalement placées dans la salle des vieilles gâteuses. « Elles sont bien avec les malpropres, s'exclame la religieuse qui s'occupe d'elles *. »

Les révoltes furent nombreuses, et de courte durée, car violemment réprimées par les forces de l'ordre : à Saint-Étienne, à Lyon, à Saint-Lazare les mutineries, appuyées par la population, ont continué jusqu'à la veille de la Première Guerre mondiale. L'absence de changement de conditions si révoltantes montre bien l'opinion que l'on pouvait avoir de ces filles doublement marquées : par le vice et par la maladie. Que celles qui servent de dérivatifs aux ardeurs des mâles restent donc enfermées aux yeux du monde et qu'elles en soient punies le plus durement possible. Ajoutons l'absence d'efficacité thérapeutique de la plupart de ces dispensaires : soignées par le mercure, par l'iodure de potassium, le traitement qui dure trop peu de temps ne fait disparaître qu'en apparence les manifestations extérieures. Faire semblant de soigner pour pouvoir enfermer et punir, telle semble avoir été la principale fonction de ces dispensaires-léproseries qui laissaient sortir des filles avec des papiers en règle mais qui médicalement étaient toujours en « puissance » de syphilis.

Et le cycle infernal recommence alors et les clichés qui encombrent l'image de la prostituée fonctionnent de nouveau : vice, dégoût, maladies sexuel-

* *Cf.* L. Fiaux, *La Police des mœurs*, *op.cit.*

lement transmissibles, égout séminal, chair toujours putride et vénéneuse.

« Elle tirait de sa maladie une vanité, de son pouvoir contagieux une exaltante joie : Ah ! les cochons l'avaient salée eh bien ! elle en salerait d'autres à son tour, les jeunes, les vieux, les beaux, les laids, tous les groins qui lui tomberaient des pattes, tous ceux à qui elle pourrait infiltrer le virus, dans un baiser, dans une morsure ! Elle goûtait une volupté âpre, un vertige de revanche, à rendre, au centuple, le mal qu'on lui avait fait, à contaminer, à contaminer sans relâche... Elle cheminait dans ses effrayants dessous de Paris, sous la terre, creusait ses galeries souterraines, ses mines où le passant s'enfonçait, trou noir où de la santé, du bonheur, le repos de famille croulait... * »

Hors la loi, turbulente, violente, foyer d'infection, la fille de la rue ne cesse d'obséder et d'inquiéter les médecins, les moralistes et les pouvoirs publics qui n'arrivent pas à enrayer l'inexorable désaffection des bordels. Les mentalités changent : le statut des pensionnaires des maisons est de plus en plus assimilé à un esclavage, et l'idée de l'amour évolue : certes les femmes sont toujours des femmes ou des procréatrices, mais l'égalité dans le partage des tâches fait son chemin dans les têtes, l'idée d'une camaraderie amoureuse et d'un échange affectif et sexuel entre homme et femme imprègne de plus en plus les jeunes générations, l'écho du féminisme commence à se faire entendre et le choc de la Première Guerre mondiale, qui contraint les femmes à assumer sans hommes la vie quotidienne, contribue à forger une nouvelle identité sexuelle moins manichéenne.

Il est impossible d'expliquer des goûts... y

* V. Margueritte, *Prostituée*, 1907.

compris et surtout sexuels! Mais comment interpréter autrement le goût des hommes pour les femmes non enfermées autrement que par un désir – sans doute illusoire – de trouver en elles davantage des partenaires de plaisir que des égouts séminaux! Publiques, ces filles le sont toutes. L'argent reste au cœur de la relation. Il faut continuer à payer pour jouir mais la jouissance est plus grande lorsque la fille s'offre délibérément au lieu d'attendre passivement le bon plaisir de l'homme. Le combat de l'enfermement du vice est en tout cas bien perdu, signant l'échec des réglementaristes : jamais les bordels n'ont vu remonter leur taux de fréquentation jusqu'à leur fermeture définitive en 1946, tandis que la prostitution dans la rue ne cesse de se transformer en s'adaptant aux modes et aux mentalités. Libres, ces filles de la rue ne l'étaient et ne le sont sans doute toujours pas, car le manque d'argent reste la raison de la prostitution, mais elles apparaissent désormais plus proches, plus humaines, plus amoureuses et moins figées dans l'animalité coïtale du désir frustrant.

EPILOGUE

La prostitution fascine encore aujourd'hui les hommes comme les femmes. Le rapport sexuel y est à la fois totalement mis à nu et complètement mis sous le boisseau. L'argent sert à cela. Entre les sexes, il y a une manière de contrat. Dans la prostitution il est fait de violence, de désir, de sauvagerie, de possession, de mépris, de dégoût, d'inassouvissement surtout. Car la prostituée, par essence, n'appartient jamais à l'homme. Elle appartient à tous les hommes. C'est bien cela qui provoque la pulsion qui peut rendre fou. Cette fille-là ne vaut rien puisque je peux l'acheter, mais ce n'est pas parce que je fais l'amour avec elle que je puis la posséder. Prostituée : fille de joie, fille publique. Même si son cœur est à son amant et son sexe à ses clients, la prostituée n'appartient qu'à elle-même. Son corps a beau être pénétré, elle garde pour elle sa force et son mystère. Elle sait dissocier l'acte d'amour de l'idée de l'amour. Jamais une prostituée, on l'a vu, ne jouit avec un client : elle ne « rayonne », pour employer ce joli mot qu'elles utilisent entre elles, qu'avec son amant. De la même façon, elle ne peut être enceinte que de l'homme qu'elle aime : inutile de ricaner, comme le firent les moralistes qui ne crurent pas à ce genre de balivernes. Et si c'était vrai ? Et si justement ces techniciennes de l'amour savaient maîtriser et harmoniser le désir, l'amour et la jouissance ?

La prostituée est au-delà. Au-delà de la pudeur et de l'intimité. Elle intrigue les femmes par son savoir-faire et par le détachement professionnel qu'elle affecte dans les « choses du sexe ». Pour certaines d'entre elles, militantes féministes dès la fin du XIXe siècle, elle incarne à la perfection l'image la plus souillée, la plus avilie, la plus fangeuse de la femme. Des ligues furent créées en Angleterre dès les années 1870, sous l'égide de Joséphine Butler, pour les défendre et faire cesser cet état de fait. On les appela à l'époque des esclaves blanches, des miettes humaines, des jouets de débauche. Madame Avril de Sainte-Croix, dès le début du siècle, reprend vaillamment le flambeau, et, au nom de toutes les femmes, réclamera l'extinction de la prostitution : « Les femmes, conscientes de l'outrage fait à leur sexe tout entier par le maintien de la réglementation, les femmes réclament, demandent justice, même pour celles tombées le plus bas. C'est à elles de lutter ! Il faut qu'elles songent, qu'elles jouissent du confort et de l'ambiance paisible que crée autour d'elle, plus encore que la famille, la sécurité matérielle du lendemain, il faut qu'elles songent à la malheureuse qui, dehors, sous la pluie et le vent, insultée par l'homme, traquée par l'agent est obligée, pour ne pas mourir de faim, de venir entre deux stations à la prison Saint-Lazare demander son pain à la prostitution. Qu'elles se souviennent parfois, celles surtout pour lesquelles la vertu fut souriante et facile, qu'il existe encore, de par notre complicité, des esclaves du vice plus misérables que les anciens esclaves *. » Une véritable

* Avril de Sainte-Croix, *L'Esclave blanche*, Avril 1913.

propagande, appuyée par les socialistes et les libertaires, relayée par une partie de la presse dont *La Fronde*, *La Brèche* et même *L'Aurore*, et soutenue par des personnalités comme Jaurès et Zola, essaie de faire entériner politiquement les thèses de l'abolitionnisme. Suppression de la police des mœurs, abolition de la réglementation.

Le partage entre les sexes étant devenu plus égalitaire une nouvelle morale était en train de naître : il s'agissait donc de créer, en priorité chez les hommes considérés toujours en puissance comme des prostituants, une nouvelle conscience sexuelle. Ce fut un échec... Le silence législatif à l'égard de la prostitution continua et se fit de plus en plus pesant, la menace du péril vénérien agitait autant les esprits et, à l'occasion d'une enquête faite auprès des maires sur l'utilité ou la suppression des maisons closes, on s'aperçut qu'elles restaient dans les mentalités une des pièces maîtresses du dispositif, tant elles étaient encore jugées indispensables, utiles, pour ne pas dire nécessaires. Le combat pour le bordel « net » ne faisait que commencer. Reconnue par la loi du 14 février 1900, sous l'autorité du préfet Lépine, la maison de rendez-vous rentre elle aussi dans le système de réglementation et de surveillance sanitaire. Le bordel, lui, doit enlever son gros numéro et se garder de toute publicité. Autoriser pour mieux surveiller et assainir, telle fut la méthode officielle. Cela permit dans le même temps à la prostituée de vivre légalement – sous la domination de la tenancière –, de subir moins souvent les tracasseries de la police et d'être mieux traitée dans les hôpitaux. Les tentatives d'imaginer des maisons autogérées par des filles ne provoqua que des haussements d'épaule. La prostitution est alors toujours considérée comme un mal nécessaire : mieux vaut en contenir les excès que d'essayer de la réformer.

La défense de la prostituée des rues, après avoir envahi une certaine presse et toute une littérature, cède la place, avant la Première Guerre mondiale à une intense campagne contre la pornographie, le vice dans la rue, la prostitution des mineures et la traite des blanches. L'offensive moralisatrice regagne du terrain et l'image de la prostituée en sera de nouveau ternie... La guerre perturbera profondément le comportement sexuel des hommes.

« Des hommes qui jusqu'alors, avaient observé la fidélité conjugale, séparés brusquement de leur famille, se sachant exposés à des dangers de mort continuels, oublièrent leur prudence de temps de paix. La contagion vénérienne résulta de rencontres faciles et suspectes que ces hommes, dans la vie civile, auraient soigneusement évitées. D'autre part, des femmes abandonnées à elles-mêmes, souvent avec des ressources insuffisantes, se laissèrent aller à remplacer momentanément le mari absent *. »

L'anonymat, les déplacements fréquents, le désir de jouir vite, sans entrave, provoquèrent la création de maisons de tolérance qui, jusqu'à l'avance allemande de 1918, furent très prospères. Certaines possédaient même des abris anti-aériens! Cette intense activité sexuelle s'accompagna d'un très fort accroissement des maladies vénériennes : dès la deuxième année on note une augmentation de plus de deux tiers de syphilis parmi la population masculine! La surveillance s'intensifia et on installa des centres de vénérologie à proximité du front. La syphilis n'a jamais empêché le soldat d'être valeureux au combat! Malgré les appels patriotiques à la continence, le bordel vit encore de sa belle vie

* Pr Gaucher, *Bulletin de l'Académie de Médecine*, 1916, séance du 28 mars.

jusqu'au dernier combat pour mourir de nouveau, cette fois quasi définitivement dès les années 20. Il ne résiste pas à la crise économique de l'après-guerre et nombreux sont alors les établissements qui sont transformés en bureaux, en hôtels. En 1920 il n'en subsiste plus à Paris qu'une vingtaine...

Le bordel se meurt, vive le bordel. Les nostalgiques se plaignent mais les clients – les nouveaux clients – n'ont pourtant que l'embarras du choix. Paris reste toujours un gigantesque lupanar et les maisons de rendez-vous et les maisons de société se comptent par centaines... L'amour vénal s'industrialise. Le rythme est soutenu et les séances courtes dans ces nouveaux temples de l'amour où le temps est de l'argent. Plus question de boire un verre avant de monter... Les tenancières de la vieille école sont parties vivre leur retraite dans leur coquette villa pendant que des jeunes femmes décidées gèrent avec habileté les nouveaux lieux hygiéniques. Depuis les découvertes de Wassermann, la syphilis n'est plus une maladie incurable et le client peut, en toute tranquillité, aller assouvir ses pulsions... Moins de fantasmes, certes, mais plus de sécurité. La maison d'abattage commence à fonctionner et l'*eros center* n'est plus très loin... Finie l'étrange langueur qui saisit l'homme à l'approche de la femme, oubliée l'atmosphère glauque et vénéneuse des amours de la nuit où le monde peut basculer.

Pas question de reprendre la complainte et de tomber dans le piège des clichés les plus romantiques de la prostitution. Mais le bordel n'était peut-être pas, comme l'ont pensé si fort moralistes de tous bords, une bastille à détruire. Il n'a d'ailleurs pas empêché le scandale de la prostitution des mineures ni l'asservissement enduré par certaines femmes. Sa suppression par Marthe Richard en 1946 s'inscrit dans une politique de moralisation de la vie publique. La prostituée y gagne une liberté de déploiement, une prise en charge de sa propre vie. Le mépris qu'on avait pour elle aura tendance à diminuer. Elle deviendra – insensiblement – une travailleuse du sexe et non l'incarnation du vice. Tant pis pour les messieurs en quête de sensations voluptueuses définitivement perdues :

« Faites votre choix, monsieur !

On cause posément, sur des sujets courants : ce qu'on a lu dans le journal, point de cynisme. Pour quoi faire ? L'habitude du lieu, du costume, du métier ne leur fait rien trouver d'extraordinaire à ce qu'elles font.

Elles sont là comme seraient des demoiselles de magasin, à leur comptoir, attendant la pratique. Seulement, ce qu'elles vendent, celles-ci c'est elles-mêmes. Pas à faire l'article. On ferme ses yeux, on se croirait à les entendre dans une loge de concierge qui donne le thé aux bonnes de la maison *. »

Le péché que représente l'acte sexuel devient un peu moins lourd à assumer et le corps lui aussi s'émancipe : sport, bains de mer, bains de soleil. La libre disposition de son corps influence les rapports dans les couples légitimes. Voici venir les temps modernes du sexe, pour reprendre la jolie expression d'Alain Corbin. Les filles vont au « business » et comptent leurs sous. *Sex is business*. La prostituée, d'être maléfique devient pour certains un... modèle d'émancipation ! En 1923 paraît une plaquette signée Robert Cayla : « Il y a une beauté dans la prostituée, cette beauté résulte peut-être de son cynisme, de son insouciance totale du qu'en dira-t-on qui esclavage les plus hardies. Elle défie, elle avoue, elle provoque,

* *Erreur de la guillotine*, roman feuilleton, sans auteur, cité par Romi, *op. cit.*

elle est libre de toute convenance. C'est pourquoi les artistes éprouveront toujours une certaine sympathie pour ces parias au rire aigu dont l'impudence semble contenir une adresse narquoise à une animalité dont personne ne fait mine de convenir. » Pour Havelock Ellis : « Le motif principal des femmes à adopter temporairement ou définitivement la vie des prostituées est de se procurer les moyens de développement de soi que restreint le système de notre civilisation fondée sur le travail mécanique... La grande majorité des jeunes femmes se livrent instinctivement au genre de vie de la prostitution simplement parce qu'elles sont mues par une impulsion obscure, qu'elles éprouvent de la peine à se définir elles-mêmes et qu'elles ont souvent honte d'avouer *. »

La valeur culturelle de la prostitution est aussi exaltée... Elle apparaît comme un choix, voire comme une libération. Le désir de prostitution est mis en valeur. En 1925 une enquête est lancée sur ce thème auprès d'écrivains et d'intellectuels. Carco en fait les louanges, G. de La Fouchardière affirme : « La prostitution est la seule forme honnête de l'amour, celle qui ne se nourrit pas de mensonges. Dans la prostitution le cochon de payant trouve toujours ce qu'il cherche car il borne son désir aux choses possibles. Dans une maîtresse désintéressée qui se donne avec passion, l'amant ne trouve jamais ce qu'il cherche car il cherche toujours autre chose **. » L'homme, ce grand absent de la littérature prostitutionnelle, est sommé de comparaître devant le tribunal des mœurs. Sans lui, découvrent les enquêteurs, il n'y aurait pas de marché. « La fille publique a été marquée au fer rouge :

* H. Ellis, *La Prostitution, ses causes, ses remèdes*, 1929.
** Cité *in* M. Hamel, C. Tournier, *op.cit.*

proscrite et livrée à ses persécuteurs; elle seule mais jamais l'homme – son partenaire égal en responsabilité », s'écrie Flexner *.

L'homme n'est plus le maître, ni de la demande, ni du désir. Certaines femmes n'hésitent pas à réclamer des bordels pour elles et le désir sexuel que peut éprouver une femme commence à être timidement reconnu. La femme a aussi un sexe! La prostituée fait donc un peu moins peur car elle n'est plus la seule à incarner le mal, le vice, le stupre, la débauche. « Il faut se rappeler que les relations sexuelles irrégulières peuvent non seulement être franches de tout calcul intéressé, de toute pluralité dans la promiscuité mais – au moins du côté de la femme – être accompagnées d'une haute émotion sensuelle qu'elle soit maîtresse, concubine ou amie de cœur complaisante **. »

Le sexe peut commencer à faire bon ménage avec l'amour et les femmes légitimes peuvent aussi avoir l'envie d'être désirées par leur mari comme des prostituées. Cette canalisation nouvelle de la sexualité bourgeoise se fait de façon diffuse, chaotique, mais elle est, je crois, inéluctable. L'image de la prostituée y gagne en considération tout en perdant de son mystère. La frontière entre femme publique et femme légitime est dangereuse à franchir : elle crée le trouble, pimente l'amour mais provoque la fêlure et se paye chèrement. Pensez à Belle de jour qui, certes, perd sa frigidité mais hérite, de par ses frasques, d'un mari paralysé et muet! Les prostituées ne payent plus de leur vie leur sale métier. Qui peut lire, encore aujourd'hui, sans dégoût et sans indigna-

* *La Prostitution en Europe*, 1919.

** A. Mithouard, *Rapport au nom de la deuxième commission sur la prostitution*, in Flexner, *op.cit.*

tion l'agonie de Nana, abandonnée de tous, se décomposant littéralement sous le poids de tant de vice accumulé, charnier immonde, Vénus crapuleuse, contaminatrice de tout un monde qui paye par d'atroces souffrances sa méchanceté, sa beauté, son mépris ? Qui peut supporter la fin de Lucie Thirache *, elle aussi toute purulente, baudruche informe habitée par le mal et qui s'éteint, sans rien y comprendre, dans un lit d'hôpital, dévorée par la syphilis, en songeant à l'amour ? Et Elisa **, dans sa cellule ou à l'atelier, devenue une toquée, une imbécile, avec du noir dans la tête, un regard d'hébétée, retombée en enfance, les lèvres enflées de paroles jamais émises, muette pour toujours...

Le mépris et la haine n'ont pas pour autant disparu. Les structures, le statut et l'économie de la prostitution ont beaucoup évolué depuis les années 1930. La taylorisation du sexe et les politiques des corps ont tout bouleversé mais la prostitution, si elle a changé d'état, n'a pas changé de nature. Certaines prostituées vivent encore dans des conditions scandaleuses, gibiers de proxénètes, violées, torturées, mises sur des marchés internationaux contre leur gré. Il reste encore beaucoup de refoulé et d'interdits sur le nom même de prostitution. A quoi bon en parler ? A quoi bon essayer de raconter leur histoire, à elles qui, par définition, m'ont répété certains, étaient sans histoire ? J'aurai essayé de contribuer à restituer des fragments de la leur. Heureusement, aujourd'hui – et depuis vingt ans – ce sont elles qui s'en chargent...

* P. Adam, *op. cit.*

** E. et J. de Goncourt, *La Fille Élisa, op. cit.*

BIBLIOGRAPHIE

OUVRAGES

ADAM, Paul, *Chair molle*, Bruxelles, 1885.

AJALBERT, Jean, *La rousse*, 1886.

ALEXIS, Paul, *La fin de Lucie Pellegrin*, Paris, 1880.

ANDRIEUX, Paul, *Souvenirs d'un préfet de police*, Paris, 1885.

ARAGON, Louis, *Le con d'Irène*, 1928.

ARMAND, E., *La prostitution et ses multiples aspects*, 1933.

ARON, *Les Courtisanes du Second Empire*, Bruxelles, 1871.

AUGIER, E., et FOUSSIER, E., *Les lionnes pauvres*, 1858.

AUMONT, *Les secrets de la comtesse de Castiglione*, Paris, 1948.

Madame AVRIL DE SAINTE-CROIX, *L'esclave blanche*, Alençon, 1913.

BALZAC, Honoré de, *Splendeur et misère des courtisanes*, Paris, 1838-1847.

BARBEY D'AUREVILLY, Jules, *Les diaboliques. La vengeance d'une femme*, Paris, 1860-1909.

BARTHELEMY, Dr T., *Étude d'hygiène sociale, syphilis et santé publique*, Paris, 1890.

BELLONGER, Marguerite, *Confessions*, Paris, 1882.
BERAUD, F.F.A., *Les filles publiques de Paris et la police qui les régit*, Paris, 1839.
BERGERET, Dr, *Les passions, dangers et inconvénients pour les individus, la famille et la société. Hygiène morale et sociale*, Paris, 1878.
BERNHEIMER, Charles, *Figures of ill repute – Representing prostitution in XIX France*, Harvard University Press, 1989.
BIZART, Dr Léon, *La vie des filles*, Paris, 1934.
Histoire de la prison Saint-Lazare, Paris, 1925.
BLANCHARD, Daniel, *Dames de cœur*, Paris, 1946.
BLOY, Léon, *Sueurs de sang*, Paris, 1892.
BOIRON, N.M., *La prostitution devant l'histoire, devant le droit, devant l'opinion*, Nancy, 1926.
BOULENGER, Jacques, *Sous Louis-Philippe, le Boulevard*, Paris, 1933.
BRETTE, Dr L., *État sanitaire au point de vue de la syphilis des filles soumises dans les maisons de tolérance de la ville de Paris depuis 1872 jusqu'en 1903 inclus*, Paris, 1903.
BORIE, Jean, *Le célibataire français*, Paris, 1976.
BRIQUET, Dr P, *Traité clinique et thérapeutique de l'hystérie*, Paris, 1859.
BRUANT, Aristide, *Les bas-fonds de Paris*, Paris, 1897.
BURET, F., *La syphilis à travers les âges*, Paris, 1890.
CANLER, M., *Mémoires de Canler, ancien chef du service de sûreté de Paris*, 1862.
CARCO, Francis, *Jésus la Caille*, Paris, 1914.
Visite à Saint-Lazare, Paris, 1925.
Mémoires d'une autre vie, Paris 1934.
A voix basse, Paris, 1938.
L'amour vénal, Paris, 1938.
L'homme traqué, Paris, 1938.
Bohème d'artiste, Paris, 1942.
Rue Pigalle, Paris 1949-1950.
CARLIER, F., *Étude de pathologie sociale, les deux prostitutions*, Paris, 1871.

CAVAILHON, Edouard, « Courtisane platonique » *in Les Parisiennes fatales. Etudes d'après nature*, Paris, 1889.
CHALEIL, Max, *Le corps prostitué*, Paris, 1979.
CHEVALIER, Louis, *Classes laborieuses et classes dangereuses à Paris pendant la première moitié du XIXe siècle*, Paris, 1958.
CHOISY, Maryse, *Un mois chez les filles*, Paris, 1928.
CLAVERIE, J.J., *Maisons de tolérance et filles publiques*, Paris, 1924.
COFFIGNON, A., *La corruption à Paris*, Paris, 1888.
COGNIART, Paul-Jean, *La prostitution. Étude de science criminelle*, 1938.
COMMENGE, Dr O., *La prostitution clandestine à Paris*, Paris, 1897.
CORBIN, Alain, *Les filles de noce*, Paris, 1978.
CORDIER, Dr, *Les vénériens des champs et la prostitution à la campagne*, Paris, 1882.
CORLIEU, Felix, *La prostitution à Paris*, Paris, 1887.
DAHL, André, *Les dames du 12*, Paris, sans date.
DAUDET, Alphonse, *La Doulou*, Paris, 1931.
DAUMARD, Adeline, *La bourgeoisie parisienne de 1815 à 1848*, Paris, 1963.
DELACROIX, Eugène, *Journal 1823-1863*, Paris, 1893.
DELPECHE, René, *Les dessous de Paris*, Paris, 1955.
DELVOU, Alfred, *Les lions du jour*, Paris, 1867.
DESMAZE, Charles, *Le crime et la débauche à Paris*, Paris, 1881.
DIDAY, *Asservissement méthodique de la prostitution*, Paris, 1880.
DIGUIMONT, *Ces messieurs dames*, dessins commentés par Francis Carco, 1925.
DOLLEANS, E., *La police des mœurs*, Paris, 1903.
DU CAMP, Maxime, *Paris, ses origines, ses fonctions, sa vie*, Paris, 2e éd., 1873.
DUMAS, Alexandre père, *Filles, lorettes et courtisanes*, Paris, 1843.

DUMAS, Alexandre fils, *La dame aux camélias*, Paris, 1848.
L'affaire Clemenceau, Paris, 1866.
Théâtre complet, Paris, 1868.
ENGELS, F., *L'origine de la famille, de la propriété privée et de l'État*, Paris, 1893.
ESQUIROL, Dr Jean Étienne, *Des maladies mentales considérées sous les rapports médical, hygiénique et médico-légal*, Paris, 1838.
ESQUIROS, Adèle, *Les moribondes d'amour*, Paris, 1865.
ESQUIROS, Alphonse, *Les vierges folles*, Paris, 1890.
ETIENNE, Pr G., *Six études sur la prostitution*, Nancy, 1901.
FARGE, Arlette, *Vivre dans la rue au* XVIIIe *siècle*, Paris, 1979.
FIAUX, Louis, *La police des mœurs*, Paris, 1888.
Les maisons de tolérance, leur fermeture, Paris, 1892.
Sur la prétendue stérilité des femmes exerçant la prostitution, Paris, 1892.
L'armée et la police des mœurs, Paris, 1907.
FLANDRIN, J.L., *Les amours paysannes*, Paris, 1975.
FLAUBERT, Gustave, *Madame Bovary*, Paris, 1857.
Bouvard et Pécuchet, Paris, 1881.
FLÉVY D'URVILLE, *Les ordures de Paris*, Paris, 1874.
FLEXNER, Abraham, *La prostitution en Europe*, Paris, 1919.
FODERE, F.E., *Traité de médecine légale et d'hygiène publique*, Paris, 1813.
FOUCAULT, Michel, *Surveiller et punir – Naissance de la prison*, Paris, 1975.
Histoire de la sexualité, La volonté de savoir, t.I, Paris, 1976.
FOURNIER, A.J., *Traitement de la syphilis*, Paris, 1894.
Prophylaxie de la syphilis, Paris, 1903.
FRAPIE, Léon, *La proscrite*, Paris, 1907.

FRÉGIER, H.A., *Des classes dangereuses de la population dans les grandes villes et du moyen de les rendre meilleures*, Paris, 1840.

FROPPE, J.J, *Enquête sur la prostitution*, Paris 1937.

GALTIER-BOISSIÈRE, Jean, *La bonne vie*, Paris, 1945.

GARIN, Dr Joseph, *De la police sanitaire et de l'assistance publique dans leurs rapports avec l'extinction des maladies vénériennes*, Paris, 1866.

GAVARNI, *Les lorettes*, Paris, sans date.

GONCOURT, Edmond et Jules de, *La lorette*, Paris, 1853.

Journal, Mémoires de la vie littéraire, Paris, 1864, Rééd. Laffont, 1989.

GONCOURT, Edmond de, *La Fille Élisa*, Paris, 1877.

GORON, M.F., *L'amour à Paris*, 4 tomes, Paris, 1899; tome 3, *Les parias de l'amour*; tome 4, *Les industries de l'amour*.

GRIMMER, Claude, *La femme et le bâtard. Amours illégitimes et secrètes dans l'ancienne France*, Paris, 1983.

GUEPIN, A., et BONANCY, E., *Nantes au XIXe siècle*, Nantes, 1835.

GUILBERT, Yvette, *La chanson de ma vie*, Paris, 1927.

GUYOT, Yves, *La prostitution. Étude de physiologie sociale*, Paris, 1882.

La traite des vierges à Londres, Paris, 1885.

HAIDAR, Solian, *La prostitution et la traite des femmes et des enfants*, Paris, 1937.

HAMEL, Maurice, et TOURNIER, Charles, *La prostitution, enquête*, Nice, 1927.

HOCHE, Jules, *Saint-Lazare*, Paris, 1901.

HOMO, Dr H., *Étude sur la prostitution dans la ville de Château-Gontier*, Paris, 1872.

HUGO, Victor, *Les Misérables*, Paris, 1862.

HUYSMANS, J.K., *Marthe. Les sœurs Vatard. A rebours. A vau-l'eau. Certains. Un dilemme. En rade*, in *Œuvres complètes*, Paris, 1928-1934.

JEANNEL, Dr, *De la prostitution publique*, Paris, 1863.
De la prostitution dans les grandes villes au XIXe siècle et de l'extinction des maladies vénériennes, Paris, 1868.
KARR, Alphonse, *Encore les femmes*, Paris 1858.
KIMBOLL, Nell, *Mémoires, Histoire d'une maison close aux États-Unis, 1880-1917*, Paris, 1970.
KRAFFT-EBING, *Psychopathio sexualis*, Paris, 1895.
LANO, Pierre de, *Courtisane*, Paris, 1883.
LARDIER, Dr P., *Les vénériens des champs et la prostitution à la campagne*, Paris, 1882.
LEBLOND, Dr A., et LURAS, Dr A., *Du tatouage chez les prostituées*, Paris, 1899.
LECOUR, J., *De l'état actuel de la prostitution parisienne*, Paris, 1874.
La prostitution à Paris et à Londres, Paris, 1871.
La campagne contre la préfecture de police, Paris, 1881.
LEGRAND DU JOULLE, *Les hystériques*, Paris, sans date.
LENOBLE, Jules, *La traite des blanches*, Paris, 1901.
LEVI, Vittorio, *La prostitution chez la femme et la traite des blanches*, 1912.
LE PILEUR, Dr Louis, *De l'hospitalisation des prostituées, indications sur la prostitution vulgivague à Paris*, Paris, 1918.
LEROY, Berthe, *Vénériennes*, Paris, 1889.
Mémoires, Paris, 1895.
LOMBROSO, C., et FERRERO, G., *La femme criminelle et la prostituée*, Paris, 1896.
LORRAIN, Jean, *La maison Philibert*, Paris, 1904, Rééd. Lattès, 1979.
LOUYS, Pierre, *Mimes des courtisanes*, Paris, 1929.
MACE, G., *La police parisienne*, tome 1, *Un Joli monde*, Paris, 1887; tome 2, *Gibier de Saint-Lazare*, Paris, 1889.
MAC ORLAN, Pierre, *L'inflation sentimentale*, Paris, 1922.

Sous la lumière froide, Paris, 1926.
Nuits aux bouges, Paris, 1929.

MAGRE, Maurice, *La montée aux enfers*, Paris, 1917.

MARGUERITTE, Victor, *Prostituée*, Paris, 1907.

MARTINEAU, Dr L., *La prostitution clandestine*, Paris, 1885.

MAUPASSANT, Guy de, *Boule de suif*; *Le port*; *La maison Tellier*; *Le horla*; *Le lit 29*; *Les tombales*; *Le signe*; *L'ami patience*, rééd. *in Œuvres*, 4 tomes, Paris, 1987-1988.

MENDÉS, Catulle, *La femme-enfant*, Paris, 1891.

MERLIN, Jean de, *Maison de rendez-vous, nouveaux documents sur la traite des blanches*, Paris, 1903.

MIRECOURT, Eugène, *De Paris la nuit*, Paris, 1856.

MIREUR, Dr H., *La prostitution à Marseille. Histoire, administration et police, hygiène*, Paris, 1882.

MOGADOR, Céleste, *Mémoires*, Paris, 1858.

MONTES, Lola, *L'art et la beauté*, Paris, 1862.

MOREL, Dr B., *Traité des dégénérescences physiques, intellectuelles et morales de l'espèce humaine*, Paris, 1857.

MORSIER, Alfred, *De la police des mœurs en France et la campagne abolitionniste*, Paris, 1900.

MURTRIE, Marc, *Bibliography of Writings on the History of Prostitution*, 1914.

PARENT-DUCHÂTELET, Dr Alex J.B., *De la prostitution dans la ville de Paris*, Paris, 1836, Rééd. complétée, Paris, 1857.

PAUVERT, J.J., *Anthologie des lectures érotiques*, 3 tomes, Paris, 1979-1982.

PERROT, Michelle, *Les ouvriers en grève, France 1871-1890*, Paris, 1973.

PHILIPPE, Charles-Louis, *Bubu de Montparnasse*, Paris, 1901.

POTTON, Dr A., *De la prostitution et de la syphilis dans les grandes villes et en particulier dans la ville de Lyon*, Paris, 1842.

POTTON, Dr F.F.A., *De l'hospice de l'Antiquaille*, Lyon, 1845.
PREVOST, E., *De la prostitution des enfants*, Paris, 1909.
PREVOST, M.E., *Les demi-vierges*, Paris, 1894.
PUIBARAUD, Louis, *Les malfaiteurs de profession*, Paris, 1893.
REGNAULT, Dr Félix, *L'évolution de la prostitution*, Paris, 1906.
RESTIF DE LA BRETONNE, Nicolas, *Le pornographe ou idées d'un homme honnête sur un projet de règlement sur les prostituées*, Londres, 1769.
REUSS, Dr Louis, *La prostitution au point de vue de l'hygiène et de l'administration*, Paris, 1889.
REVILLE, Marc, *La prostitution des mineures selon la loi pénale*, Paris, 1896.
RICHARD, Emile, *La Prostitution à Paris*, Paris, 1890.
RICHARD, Marthe, *Appel des sexes*, Paris, 1951.
RICOTTE Robert, *La genèse de la fille Élisa*, Paris, 1960.
SIMON Jules, *L'ouvrière*, Paris, 1861.
SUE Eugène, *Les mystères de Paris*, Paris, 1842-1843.
TARDE, *Archives d'anthropologie criminelle*, Paris, 1907.
TARNOWSKY Pauline, *Étude anthropométrique sur les prostituées et les voleuses*, Paris, 1889.
TAXIL Léo, *La prostitution contemporaine*, sans date.
TERNEAU Jacques, *Maisons closes de province*, Le Cénomare, 1986.
TUROT, *Le prolétariat de l'amour*, Paris, 1904.
VILLETTE, Arnaud, *Du trottoir à Saint-Lazare*, Paris, 1907.
VIRMAÎTRE, Charles, *Paris impur. Les maisons de rendez-vous*, 1889.
Paris galant, Paris, 1890.
Trottoirs et lupanars, 1893, Paris.
ZOLA Émile, *Les Rougon-Macquart*, rééd., Paris,

1970; en particulier : *Nana*, *La Curée*, *Au bonheur des dames*.

ANONYMES

Un atelier de débauche, Roman naturaliste, sans date.
Les proxénètes, sans date.
Le vice, le crime et l'amour.
Monsieur Jean, Les bas-fonds du crime et de la prostitution.
Mémoire sur les maisons de tolérance, Paris, 1900.

REVUES, JOURNAUX

Bulletin de l'académie de médecine, notamment en 1916 les articles de Gaucher.
Bulletin de la société française de prophylaxie sanitaire et morale, 1901-1912.
Écho médical du Nord, notamment en 1902, article du docteur Patoir sur la prostitution à Lille.
Études de psychologie et de criminologie, notamment en 1897, articles de O. Daniel sur les prostituées.
Le Français, 1903, été, sur la police des mœurs.
Gazette des tribunaux, faits divers sur la prostitution.
L'Humanité, spécialement en 1906, enquêtes sur les filles de café-concert.
Journal des connaissances médicales, particulièrement en 1887, enquêtes sur les prostituées mineures.
La Lanterne, en 1898, articles contre la police des mœurs.
Paris-Médical, mars 1934, articles du docteur Robert.
La Revue blanche, septembre 1902, articles d'Eugène Skouda.
Revue de médecine légale en 1900, articles du docteur Jullien sur les vénériennes de Saint-Lazare, et du docteur Barthélemy.

Revue des Deux-Mondes, décembre 1876, 1887 et 1898, articles du comte d'Houssonville sur l'enfance et la misère des femmes.
Revue d'hygiène et de police sanitaire, 1898.
Revue pénitentiaire, Enquête sur la police des mœurs en 1904.
Les Temps nouveaux, Charles Albert, articles en 1898.

SOURCES MANUSCRITES

Archives de la préfecture de police.
Archives nationales.
Bibliothèque de l'Arsenal : lettres, journaux.
Documents divers de collectionneurs anonymes : lettres, photographies, albums.

TABLE DES MATIÈRES

Cet ouvrage a été réalisé sur
Système Cameron
par la SOCIÉTÉ NOUVELLE FIRMIN-DIDOT
Mesnil-sur-l'Estrée
pour le compte des Éditions Hachette
le 9 avril 1990

Imprimé en France
Dépôt légal : 7650 - avril 1990
N° d'édition : 90038/15172 – N° d'impression : 13704
I.S.B.N. 2.01.013051.0
23.42.4299.01
ISSN : 0768-0074

23.4299.6